尼采警言录

Nicai Jingyanlu

向有强

/编写

吉林教育出版社

图书在版编目(CIP)数据

尼采警言录 / 向有强编写. — 长春：吉林教育出版社，2012.6（2022.10重印）

（和谐校园文化建设读本）

ISBN 978 - 7 - 5383 - 8760 - 5

Ⅰ. ①尼… Ⅱ. ①向… Ⅲ. ①尼采,F. W.(1844～1900)－警句－青年读物②尼采, F. W.(1844～1900)－警句－少年读物 Ⅳ. ①B516.47-49

中国版本图书馆 CIP 数据核字(2012)第 115968 号

尼采警言录

NICAI JINGYAN LU

向有强　编写

策划编辑	刘　军	潘宏竹		
责任编辑	庞　博		**装帧设计**	王洪义
出版	吉林教育出版社（长春市同志街 1991 号　邮编 130021）			
发行	吉林教育出版社			
印刷	北京一鑫印务有限责任公司			
开本	710 毫米×1000 毫米　1/16	**印张** 11.5	**字数** 146 千字	
版次	2012 年 6 月第 1 版	**印次** 2022 年 10 月第 3 次印刷		
书号	ISBN 978 - 7 - 5383 - 8760 - 5			
定价	39.80 元			

编　委　会

主　　编：王世斌

执行主编：王保华

编委会成员：尹英俊　尹曾花　付晓霞

刘　军　刘桂琴　刘　静

张　瑜　庞　博　姜　磊

潘宏竹

（按姓氏笔画排序）

总 序

千秋基业，教育为本；源浚流畅，本固枝荣。

什么是校园文化？所谓"文化"是人类所创造的精神财富的总和，如文学、艺术、教育、科学等。而"校园文化"是人类所创造的一切精神财富在校园中的集中体现。"和谐校园文化建设"，贵在和谐，重在建设。

建设和谐的校园文化，就是要改变僵化死板的教学模式，要引导学生走出教室，走进自然，了解社会，感悟人生，逐步读懂人生、自然、社会这三本大书。

深化教育改革，加快教育发展，构建和谐校园文化，"路漫漫其修远兮"，奋斗正未有穷期。和谐校园文化建设的研究课题重大，意义重要，内涵丰富，是教育工作的一个永恒主题。和谐校园文化建设的实施方向正确，重点突出，是教育思想的根本转变和教育运行机制的全面更新。

我们出版的这套《和谐校园文化建设读本》，既有理论上的阐释，又有实践中的总结；既有学科领域的有益探索，又有教学管理方面的经验提炼；既有声情并茂的童年感悟；又有惟妙惟肖的机智幽默；既有古代哲人的至理名言，又有现代大师的谆谆教诲；既有自然科学各个领域的有趣知识；又有社会科学各个方面的启迪与感悟。笔触所及，涵盖了家庭教育、学校教育和社会教育的各个侧面以及教育教学工作的各个环节，全书立意深邃，观念新异，内容翔实，切合实际。

我们深信：广大中小学师生经过不平凡的奋斗历程，必将沐浴着时代的春风，吸吮着改革的甘露，认真地总结过去，正确地审视现在，科学地规划未来，以崭新的姿态向和谐校园文化建设的更高目标迈进。

让和谐校园文化之花灿然怒放！

本书编委会

目 录

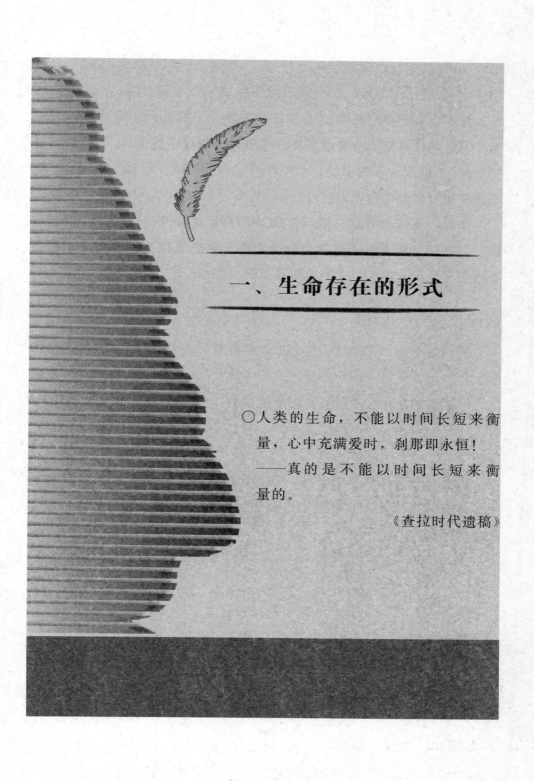

一、生命存在的形式

○人类的生命，不能以时间长短来衡量，心中充满爱时，刹那即永恒！
　　——真的是不能以时间长短来衡量的。

《查拉时代遗稿》

1. 生命

想不出自己曾经耗费心力于任何事物——在我的生命中没有任何争斗的痕迹，我是一个有着与英雄气质完全相反个性的人。"意欲"某些东西、"追求"某些事物，心中存有"目的"或"欲望"——这一切未曾在我过去的生命中发生过。

——《瞧，这个人》

人类的生命，不能以时间长短来衡量，心中充满爱时，刹那即永恒！

——真的是不能以时间长短来衡量的。

——《查拉时代遗稿》

虽然处于生存中最为异样、最为严酷的问题中，但是，仍旧肯定生命，为了这种最高的典型思想不惜牺牲，并且欣然地承认那是自己的无尽宝藏。

——《偶像的黄昏》

有许多人死得太晚，而有些人又死得太早。不过最教人感到怪异的还是这句格言："要死得其时！"

我要向你们赞美我的死亡，自愿的死亡，惟有在我需要它的时候，它才会到来。

那么，我什么时候需要死亡呢？——那有目标、有继承者的人，只在为达成目标和让继承人接棒时，才需要它。

——《查拉图斯特拉如是说》

人类——被称之为人类的这种动物，是除了禁欲主义的理想之外一无所有的，我们见不到他们之所以生活在世上的目标。"人类为何而活？"——这是一个没有答案的问题。

人类对于肯定和肩负大地使命的意志，早已消磨殆尽了。不论是哪一个伟人，当他们步入风烛残年时，无不抱怨说自己"白活了一世"！

——《尼采的智慧》

在我心中，只有生命为我所爱！

——尤其是我最恨它的时候，也正是我最爱它的时候！

——《查拉图斯特拉如是说》

生命意味着：不断把想死的东西从身边推开；生命意味着：对抗我们身边的——也不止是我们身边的——一切虚弱而老朽的东西。那么，生命是否就意味着：毫无孝心地对付濒死者、可怜人和行将就木者呢？一直充当杀手呢？

——《快乐的科学》

而我们——我们忠实地将天赋的一切承担下来，背负着它越过险峻的高山！当我们汗如雨下时，人们便说："是的，生命是一个非常吃力的重荷！"

——《查拉图斯特拉如是说》

尤其是那种强壮足以负重而心怀敬意的人，身上背着更多外来的沉重之名词与价值——故而生命之于他仿佛是一个沙漠！

——《查拉图斯特拉如是说》

　　或许这就是生命最迷人的地方。用一块镶上金框的面纱遮盖自己的脸庞，面纱里却藏着承诺、反抗、谦恭、讽刺和诱惑——唉！生命犹如一个善变的女人！

——《快乐的科学》

　　在极端痛苦中，一个灵魂为了承受这份痛苦，将会发出新的生命光辉。就是这股潜在新生命力的发挥，使人们远离在极端痛苦时燃起的自杀念头，让他得以继续活下去。

——《曙光》

　　此时将会日益缓和内心的创痛，使之痊愈并燃起生命的火花。——而这个灵魂在经过洗礼之后，将视昔日的自己为"庸物"——这个经过病痛的肉体将与灵魂结合为一。在日后，他将感谢自己曾在当时承受如此巨大的痛苦而未曾屈服，往后再大的痛苦，他也都能甘之如饴。对于那些未曾接受过痛苦历练的人，除了追求个人的私欲之外，是无法想象一个人能为非个人的利益而承担义务的。他会说："对不起，我无法这么做。"而我们会说："他的灵魂有病，而且在痉挛着。"只为了这个灵魂是否经历最大的痛苦，而竟然会有如此大的差别。

——《曙光》

　　我们以比昔日更具生命欲望的慧眼，再次回顾人类和大自然的关系。你将会更具灵性，即使见到一枚树叶坠地，也可令你发出忧郁的微笑——从而再度体会出人性的另一种光辉。如此，你亦可获得那些曾罹患重症的人，所特有的领悟事物真理的能力，从而自恐惧的深渊中苏醒过来，逃离世俗平庸的看法，对凡事将不再迁怒——你将蜕变成另一个人，对世界更具爱心。这就像是"听一首动人的音乐无法不流泪"一样……

——《曙光》

要死得其所——查拉图斯特拉是如此教人的。

事实上，那生不逢时的人，怎么可能死得其时呢？最好是别让他出生！

——我对多余之人如此相劝。

——《查拉图斯特拉如是说》

不会蜕皮的蛇即将死亡，那些被强迫改变自己意见的灵魂。也终将无法避免死亡。因为，一切灵魂终将灭亡。

——《曙光》

他们是一群弃绝生命的人，自己早已中毒极深，无药可救。大地也着实厌恶他们，就随他们去吧！

——《查拉图斯特拉如是说》

生命想用石柱和阶梯筑高自己。好眺望迤逦的远方和幸福的美景。

为了升高，必得需要阶梯，也就免不了阶梯与攀登者之间变动差异的矛盾！要提升生命，且在提升中超越自己的生命。

——《查拉图斯特拉如是说》

而在我这个热爱生命的人看来，那些蝴蝶、肥皂泡沫，以及我们之中类似它们的一切，似乎是最会享受幸福的了。

——《查拉图斯特拉如是说》

你们说："生命是极难承受的。"那么你们为何在白日傲慢无礼，而夜晚又柔顺拘谨呢？

固然生命是极难承受的，但也不必做出一副十分娇弱的样子！我们都是善于拉车的驮马或母驴。

——《查拉图斯特拉如是说》

我们确实热爱生命，但并非因为我们习于生命，而是习于爱。

——《查拉图斯特拉如是说》

让你们之对生命的爱即是你们之对最高希望的爱，而让你们的最高希望即是生命的最高理念吧！

——《查拉图斯特拉如是说》

为了表示对目标和继承者的尊重。他绝不将已经枯萎的花环悬挂在生命的圣殿上。

——《查拉图斯特拉如是说》

许多人之所以离弃生命，只是为了想躲避卑贱的群众——他们不愿与卑贱者共享泉水、炽火和果实。

——《查拉图斯特拉如是说》

生命是一口欢乐的泉水，然而卑贱的人也来汲饮，因此，把泉水都毒染了。

——《查拉图斯特拉如是说》

我的精神很小心而吃力地逐步登梯，它的慰藉便是欢乐的施舍，而生命就在盲者的手杖上悄悄地溜走了。

——《查拉图斯特拉如是说》

呵，兄弟们，我找到了！在这最高之处，欢乐之泉为我而喷涌着！这是一个没有卑贱者与我共饮的生命！

——《查拉图斯特拉如是说》

善与恶、富与贫、高与下，以及一切道德的名称——凡此都是一种武器，同时也是鞭策生命必须不断超越自己的召唤！

——《查拉图斯特拉如是说》

精神乃是生命的自我挣扎，生命因自身的折磨而得大精进——这你明白吗？

——《查拉图斯特拉如是说》

以下这首歌便是当丘比特和少女们共舞时，查拉图斯特拉所唱的：
"噢，生命！不久以前我凝视你的双眸，而仿佛便失落于莫测的深渊之中。
然而，你以金钩将我拉出深渊，并且因我对你感到莫测而嘲笑我。"

——《查拉图斯特拉如是说》

一切之于我们三者是如此的对立着。而在我的心中，只有生命为我所爱——真的，尤其在我恨它时也最爱它！

然而，如果说我喜欢智慧，或者太过喜欢它的话，那是因为它极容易使我联想到生命！

——《查拉图斯特拉如是说》

我曾和我那野性的智慧作过一次面对面的交谈，她很生气地对我说："就是因为你要求、你渴望与热爱生命，所以你才歌颂生命！"

——《查拉图斯特拉如是说》

"噢，亲爱的生命！此刻你再度张开你的双眼，而我仿佛又失落于莫测的深渊之中。"

——《查拉图斯特拉如是说》

在你身上仍有我那未曾实现的青春，而你就像生命和青春一般满怀希望地坐在淹没的荒坟之黄土上。

——《查拉图斯特拉如是说》

一切命令之于我似乎都是一种尝试或冒险，而只要生物一发号施令，它便是在冒着自己生命的危险。

——《查拉图斯特拉如是说》

朋友们，你们不是对我说好恶与尝试的选择根本用不着议论吗？然而，整个生命便是一场关于好恶与尝试之选择的争辩！

——《查拉图斯特拉如是说》

生命曾如是对我说：你们这些大智者啊，我解开了你们心中的谜团。

——《查拉图斯特拉如是说》

如果想要生命这出戏博得大家的欣赏，就必须好好地表演，也因此得有好的演员。

——《查拉图斯特拉如是说》

大地和生命对于人类而言是沉重的，而严肃之精神也如此要求！若有谁想变得轻盈如鸟，就必须先爱自己——我如此告诉你们。

——《查拉图斯特拉如是说》

然而，也只有人本身才是一个非常吃力的重荷！因为他的肩上扛着太多外来的东西。他有如骆驼般地屈膝下跪，然后让人将重荷置于其上。

——《查拉图斯特拉如是说》

你们觉得粗活和一切新奇的东西都很可爱。你们受够了自己。你们拼命地工作，却只是自我逃避罢了！如果你们能信仰生命，就不会自弃于一念之间了！

——《查拉图斯特拉如是说》

孤独的人说，他要将自己从世上那些疲倦、情绪不佳、无聊的工作中解放出来，重返自然的怀抱。殊不知那些内心的堡垒完全被建筑封闭住的人往往是心灵的破坏者，他将永远无法享用涌自心灵的生命之泉。

——《人性的，太人性的》

虽然处于生存中最异样、最严酷的问题中，但是，仍旧肯定生命。

——《偶像的黄昏》

人总免不了一死，所以在面对死亡时，我宁愿选择慷慨赴死。

人的生命总有一天要终结，所以我选择全力以赴向前冲。

时间总是只有那么一点，所以我选择把握此时此刻的瞬间。

至于唉声叹气，就留给那些歌剧演员们去做吧。

——《权力意志》

为了创造的游戏，生命需要有一个神圣的肯定——此刻精神有了自己的意识，流落到世界各个角落的人，又得以回到"自己的"世界。

——《查拉图斯特拉如是说》

我的生命碰见一线阳光：我向后回顾，也向前瞻望，我从来没有一下子看到过这么多美好的事物。

——《瞧，这个人》

啊！我的兄弟们，我曾经发现了它！在这最高的峰上，为我沸涌着快乐之泉。这里有一种生命，在这生命的海洋上，没有贱民与我同饮！

——《瞧，这个人》

"活是值得的，"他们都如此喊道，"生命中有着十分重要的东西，它们被深深隐藏着，对这些重要的东西要小心啊！"这些鼓舞的话同样支配着最高贵的人和最卑贱的人，也就是这个鼓舞一直激发着理性与热情的精神，保存了人类。

——《瞧，这个人》

人必须时时刻刻相信他知道自己为什么存在。若是没有周期性的对生命产生信心、相信生命中的理性，则人类也不可能有如此繁盛。

——《瞧，这个人》

至少斯多葛学派是认为如此，他们一贯主张将快乐减到最低程度，这样可使生命中的痛苦也减到最低程度。

——《快乐的科学》

一个人必须在生命之外有一个立足点，用不同的方式，如同已经活过的一个人、许多人、一切人那样去了解生命，方能真正触及生命的价值问题。

——《快乐的科学》

宇宙像过去一样运动，用不断闪烁着的无情的星星望着我。它默默地、悄悄地运行着，但是有一种物种——人，死了。

——《尼采文集》

只要生命在上升，幸福就和本能相等。

——《尼采文集》

我在芸芸众生之间行走，就像在残肢断体上行走一样。

——《尼采文集》

海渴求被太阳热吻，它想变成空气，它要高度，它想踏上光明之路，甚至变成光明。我就像太阳一样，喜欢生命和大海。

——《尼采文集》

在我的观念里，我只爱生命。而且，我恨它时最爱它！但如果我喜欢智慧，爱之尤甚，那是因为它使我联想到生命了。

——《尼采文集》

高贵的灵魂所秉持的是：一切都不能不劳而获，至少是生命。

——《尼采文集》

2. 生存

生存是什么？生存是不断地从我们身上排除任何会趋向死亡的东西。

生存是对即将就木的人、可怜的人和年老的人毫不留情，也就是一种持续的谋害。

——《快乐的知识》

唯有积极的态度，才会为自己寻求生存空间。

——《尼采文集》

就生存的可能性而言，那些因无法迅速在食物和对他有危险的动物之间分辨出"相似"之处，推论得太慢或太过慎重的人，比起在同样情况下能立即看出其一致性的人，要显得渺小多了。

——《尼采文集》

也许你应该知道，我的信念在什么地方，我究竟是为了什么，而生存在这世上的。

——《尼采文集》

我虽然已经听见、看见、接近过了各种高贵女人的音容，但期间却没有一个女性的声气，给我以深刻的印象。但是我却相信，在这世上总有一种声气，专为我而存在着，我正在寻找。

——《尼采文集》

3. 命运

有许多酸酸的苹果，它们的命运无疑是得等到秋季的最后一日——那时，它们都已成熟，却也枯黄而干瘪了。……有的从来不会变得甜美，他们甚至在夏日便已开始腐烂，懦弱使得他们牢附枝头而不坠落于地。

像这样长久悬挂在枝头上苟且偷生的人太多了，真希望来一阵大风雨，将树上已为虫蚀或腐烂的一切摇落。

——《查拉图斯特拉如是说》

人类比其他的动物更软弱、不安与无法捉摸——人类是一种有趣的动物，这又是为什么呢？

无疑地，人类比其他动物的总和都更具冲劲、反抗性，更勇于向命运挑战。

——《道德的谱系》

我是第一个知耻的人类，我的命运注定我将是第一个可敬的敌人，注定了我将感到我是要与长久以后的虚伪对立的……

——《瞧，这个人》

我知道自己的命运。总有一天，我的名字将会和那些对可怕事物的回忆联结在一起——将会和那前所未有的危险、最深刻的良心起冲突，以及和那些一直被人们信仰、需要，和视为神圣与崇敬的事物咒骂在一起。

——《瞧，这个人》

怪物——命运老早就潜伏在他们身上等待着。虚伪的价值和空洞的言辞之于人类，可说是最可怕的。

——《查拉图斯特拉如是说》

我的命运叫我不要再让那只羊认为我是一个学者——为此祈祷吧！

——《查拉图斯特拉如是说》

我认为，人类所具有的伟大天性，是对命运的热爱。无论未来、过去或永远，都不应奢望改变任何事物。他不但必须忍受一切事物的必然性，并且没有理由去隐瞒它——你必得爱这项真理……

——《瞧，这个人》

4. 人生、生活

人生乃是一面镜子，哪怕随后就离开人世。

——《尼采诗选》

最可喜的是能够永远，且真正地活着。

但一般人即使得到"永生"，也只不过是"活着"罢了，并未具有特别的意义！

——《人性的，太人性的》

最沉重的负荷——假如有个恶魔在你十分孤独寂寞的夜晚闯入，且对你说："人生便是你目前或往昔所过的生活，未来仍将不断重演，绝无任何新鲜之处。每一样痛苦、欢乐、念头、叹息，以及生活中许多大大小小无法言传的事情，皆会再度重现。而所有的结局也都一样——同样的月夜、枯树和蜘蛛，同样这个时刻的你我。也是未来那个时刻的你我。存在的永恒沙漏将不断地反复转动，而你在沙漏的眼中，只不过是一粒灰尘罢了！"

是否，你宁愿安于自己和人生的现状，而放弃追求比最后之永恒所认定更强烈的东西呢？

——《快乐的科学》

人要是放弃了战争，也就放弃了高尚的生活。

——《偶像的黄昏》

所有的人都被分为奴隶和自由人，过去是这样，现在仍是这样。一个人如果他一生的三分之二的时间不是为自己而活着的话，他就是个奴隶，而且不管他是什么，政治家、商人还是学者。

——《人性的，太人性的》

人们应该与生活相分离，就像尤利西斯与璃西卡相分离，——祝福生活而不是迷恋生活。

——《善恶的彼岸》

谁不知道找到通向他的理想的道路，那么，他的生活比无理想的人更轻浮和厚颜无耻。

——《善恶的彼岸》

谁不曾为了自己的好名声曾经一度——牺牲了自己？

——《善恶的彼岸》

世间事物无一不是从危险与不确定开始的，不过如果你不去开始，你就永远也开始不了。

——《人性的，太人性的》

事实上，在人生这趟旅途当中，情形亦多半如此。如果说仅仅只满足于每一次的体验与见闻，将每一次的旅行定格为一张静止的风景画的话，那么再多再奇异的美景都不过是一张张风景画的复制罢了。

——《漂泊者及其影子》

如果你能够将今天的所见所闻都很好地运用到今后的每一天当中，能够以一种无畏的开拓姿态面对自己的话，你的人生之旅将会变得不仅新鲜而且充实。

——《漂泊者及其影子》

可以做到一生无悔的生活方式便是：即使让现在的人生原原本本地重来一遍，你也不会有任何怨言与悔恨。

——《查拉图斯特拉如是说》

无论是诉诸语言还是诉诸行动，对生有强烈冲动的事物总归是了不起的东西。像这样充满活力的事物自然会不断给周围的事物带来积极向上的刺激。当你选择了这样一种生活方式，你就会发现你已经给别人带来生机与活力了。

——《漂泊者及其影子》

你想要舒适且充满审美情调地生活吗？让我们来看一看艺术家们是怎么做的，或许能够从中学到不少的小窍门。比如说，艺术家们总是很在意物件的摆放与配置关系。他们故意将物件放在远处，或者将物件斜着竖起来，或者利用光线反射使光影关系更加具有艺术性的效果。

　　其实在生活当中，我们也在做着和艺术家们同样的工作，最明显的就是家里面的装修了。家具的选择与摆放并不是随意进行的，原因就在于配置的结果一定要使装修的效果看起来更加舒适美观。如果不考虑这些因素的话，你就只能生活在一堆杂乱无章的摆设之中了。

　　实际上，不仅装修如此，我们在处理生活中的诸多事情和人际关系的时候，也是在按照自己的喜好不断地设计着。

——《快乐的科学》

　　我们虽然处于这世俗的红尘当中，但却可以做到超脱的生活。

　　所谓超脱的生活，首先就是要使自己的内心与情感不受每一次境遇的波动而漂浮不定，也就是说不要随波逐流，要始终掌控好自己的情感这匹野马。

　　如果你能够做到这点的话，你就不会因为世间和时代的异动与变化而困苦不堪。

——《善恶的彼岸》

　　这人生，如同你现在生活着的和曾经生活过的，你必须再生活一次以至无数次；其间不会有新东西；但是每种痛苦与每种快乐，每一思考与每一叹息，以及生涯中的一切大事与小事，你都得重新经历一番，而且一切都遵循着同一顺序。如同这蜘蛛与这些树间的月影，如同这顷刻与我自己。生存之永恒的计时沙漏总是重新颠倒过，而你却与其在一起，你这微尘之微尘！

——《快乐的科学》

不必在意一日长短——只要你在这段时间内有着多彩多姿的生活，你将发现，有一百个口袋可用于填装它们。

——《人性的，太人性的》

从人生战场当中磨炼出来——倘若我未因此而丧命，那我将更为坚强。

——《偶像的黄昏》

如果你想吃到新鲜的活鱼，最好的办法就是去海边或者池塘，亲手钓上几条。同样的道理，如果你想拥有属于自己的生活意见，你就必须亲自行动，深入挖掘自己所有的潜能，最后你还需要用语言将它们表达出来。

看起来似乎不大容易，不过比起那些花大价钱买来一堆死鱼化石的家伙们，这样做要划算得多。因为有些人总是认为发掘和拥有自己的生活意见太过于麻烦，他们情愿出大价钱买那种包装好了的死鱼化石。对不起，忘了解释了。这里的所谓死鱼化石指的是由别人在很久很久以前总结好了的生活意见。

他们不仅花大价钱买这些老古董，而且还将这些东西奉为自己的生活座右铭，顶礼膜拜。他们买来的这些生活意见永远都是干瘪苍白的，不可能生机勃勃，因为一成不变是这些意见的本质，不过即便如此，还是有人愿意这样做，而且人数还不少呢。

——《漂泊者及其影子》

如果认定了现实生活也是这样一种两极对立的话，那么造成的结果就是本来不太费事的事情被看作莫大的艰难困苦，本来一点点的挫折便会觉得痛苦不堪，咫尺的距离也可以看作是使人疏远与淡漠的千山万水。

实际上，现实生活中的很多烦恼和痛苦都是来源于这些没能够将生活与语言的差异弄清楚的人的不平与不满。

——《漂泊者及其影子》

习惯使我们双手机巧，使头脑笨拙。

——《快乐的科学》

但是，既是短期习惯，就常有终止的时候，美好的事物届时与我分手，但它不同于使我反感的东西，道别时显得异常平静，对我很满意；我也对它满意。仿佛我们必须互相致谢、握手道别似的。又有别的习惯已在门口等候了，我的信念——很难摧毁的愚蠢与智慧！——也在那儿等候，我相信，新的习惯是正确的，非常正确的，在我、食物、思想、人、城市、诗歌、音乐，学说、日常安排、生活方式等等，莫不是短期的习惯了。

——《快乐的科学》

人们以自己的原则想对自己的习惯加以压制，或者辩护，或者尊敬，或者辱骂，或者隐藏；——具有相同原则的两个人因而很可能想要某种根本不同的东西。

——《善恶的彼岸》

相反，我憎恶长期的习惯，它在我身边就像暴君，使我的生活空气凝固。有些事物的形态表明，似乎必然会由此产生长期的习惯，比如单一的工作职务。总与同一个人共处，一个固定的住所，始终如一的健康状况等。是呀，我对自己的所有痛苦和疾病——一直是我的缺憾——是感激不尽的，因为它们留给我几十条后门，使我得以逃脱长期的习惯。

但话又得说回来，我最不能忍耐之事，也是最可怕之事，就是完全没有习惯地生活，完全随机应变地生活，那样无异于放逐我，是我的西伯利亚。

——《快乐的科学》

正午，一个历经人间冷暖的灵魂，处于人生的正午时，无不企求能有一个极其安静的环境——四周一片寂静，所有的声音远远离去，太阳在正上方照耀着。

——《人性的，太人性的》

长满树木的森林中，吹起了徐徐的凉风。正午过去了，他又回到真实的生活当中，回到毫无目的的生活中。伴随着生活的愿望、欺骗、遗忘、享乐、否定和无常等。

——《人性的，太人性的》

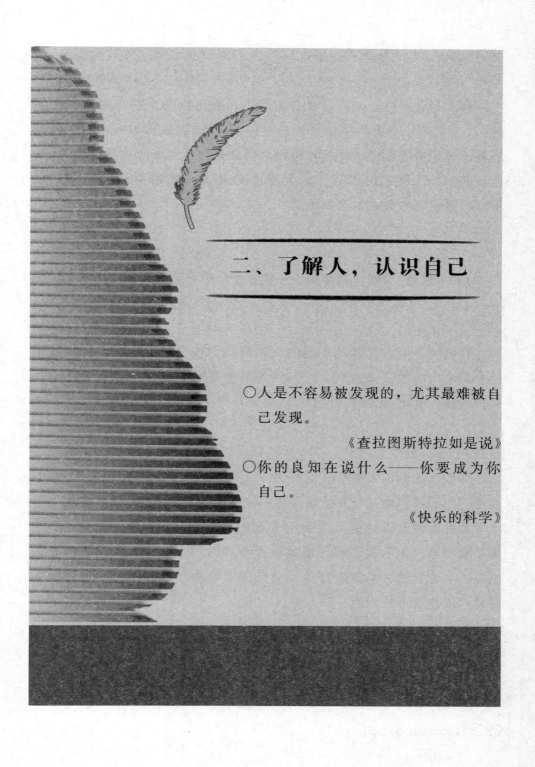

二、了解人，认识自己

○人是不容易被发现的，尤其最难被自己发现。

《查拉图斯特拉如是说》

○你的良知在说什么——你要成为你自己。

《快乐的科学》

1. 人性

即使是最有良心的人，良心的谴责面对这样的情感也是软弱无力的："这个或那个东西是违背社会习俗的。"强者也害怕旁人的冷眼和轻蔑，他是这些人当中受过教育的，而且是为了这些人才接受教育的。他到底怕什么呢？怕孤立！这个理由把做人和做事的最佳理由打倒了？——我们的群体本性如是说。

——《快乐的科学》

心中充满妒火的人就像蝎子一样，最后会将毒刺转向自己。

——《查拉图斯特拉如是说》

我们的心中有着各种不同的人格模式。依据各种情况，我们找出一个最恰当的模式来应付，一旦情况日趋恶化，他才知道自己还有第二种人格，甚至第三种人格。

——《价值变革时代遗稿》

要毅然地承担人类所有的得失，必得将新旧、希望、争取和胜利，放进一个心灵里面——并且蕴含在一种温馨的感觉之中。

如此，便可以达到人类前所未有的幸福——一种无上的愉悦，充满了爱与力、泪和笑。那种愉悦就像黄昏时的夕照，不断地将所有的感觉——充实的、空虚的都注入空茫的大海中！这种神圣不可侵犯的感觉，或许就可称之为——人性。

——《快乐的科学》

给人的个性一种"风格"——这是一种非常崇高的罕见的艺术。

——《尼采文集》

然而，也只有人本身才是一个非常吃力的重荷！因为他的肩上扛着太多外来的东西。他有如骆驼般地屈膝下跪，然后让人将重荷置于其上。

——《查拉图斯特拉如是说》

事实上，许多原本属于我们自己的东西也是很难背负的！人类有许多内在的东西有如牡蛎一般，既滑手又不讨人喜欢。

——《查拉图斯特拉如是说》

人是不容易被发现的，尤其最难被自己发现。

——《查拉图斯特拉如是说》

人和树原本都是一样的。

他愈是想朝光明的高处挺伸，他的根就愈深入黑暗的地底——伸入恶中。

——《查拉图斯特拉如是说》

不论是在任何时代，就是今天也一样，我们可以将人类分为奴隶和自由人。换句话说，除非一天里有三分之二的时间是属于你个人所有，否则不论你是政治家、商人或公务人员，都只不过是一名奴隶罢了！

——《人性的，太人性的》

大地有一层皮肤，而这层皮肤有许多疾病，其中一种就叫作"人"。

——《查拉图斯特拉如是说》

殊不知人类所赞叹、崇拜的事物，无一不是自己所创造出来的呢！人类在崇拜者中埋没了其本身的本性。

——《权力意志》

猛兽与原始森林并不会损及我们的身体健康，反而会让我们的身体更趋发达。一旦人们会为生活困境而感到苦闷时，那他的内心早已委靡退化了。向人乞食的狗乃是昔日猛兽退化而成的，那些频频向人卑躬屈膝的人，不也就像那些低声下气向人乞食的动物吗？

——《价值变革时代遗稿》

人一直在接受本人错误意识的教育。第一，他看自己总是不完美；第二，他给自己附加臆造的个性；第三，与动物和大自然的关系方面，他觉得自己处在一个错误的地位；第四，他总是创造新的财富，并且在一个时期内认为这财富是永恒的、必需的。这样，占首要地位的，一会儿是这个欲望，一会儿是那个欲望，而且因为他的看重，这些欲望全都变得高尚起来。

我们若是无视这四种错误所造成的后果，我们也就无视人道、人性和"人的尊严"了。

——《快乐的科学》

在严厉的人那里，亲密是羞耻的一件事——和某种宝贵的东西。

——《善恶的彼岸》

在很聪明的人变得困惑时，人们开始不信任他们。

——《善恶的彼岸》

的确，人是一条不洁的河。我们必须成为大海，方能容纳一条不洁的河而不致自污。

——《查拉图斯特拉如是说》

简单而少量的食物是有益身体的，我随时准备振翅，急于高飞远扬——这是我的本性。我的本性里面怎么会没有某些鸟的气质呢！

——《查拉图斯特拉如是说》

悲伤不属于伟大的个性！一个刻意修饰自身之个性的人是虚伪的……小心所有装模作样的人。

——《瞧，这个人》

知识深奥者致力于明晰；当众故作深奥者致力于晦涩，因为众人以为见不到底的东西皆高深莫测，他们胆小如鼠，极不情愿涉水。

——《快乐的科学》

抗议和无理取闹的猜疑，或有嘲弄癖好的人——是健康的。那些无条件接受所有事物的人——是有病的。

——《善恶的彼岸》

常常谈论自己的人，往往只是为了隐藏自己。

——《善恶的彼岸》

一个人把自己的学识告诉别人时，他对那些学识的爱便不如往昔了。

——《善恶的彼岸》

人只能在不得不说时，才可以开口说话，而且只能说那些必须说的话——其他的一定要闭口不谈。

——《人性的，太人性的》

从一个人的谈话中，可以明了他的内涵。因为，言语通常代表一个人心中的想法。当一个人说尽他心中的每一句话时，换来的却常常只是无所谓的轻蔑。有智慧的人往往都紧闭着嘴唇，那些平庸的凡人却说个不停。小心！别人会从你的言行中看扁你的。

——《偶像的黄昏》

每当人提起"人性"，往往都把它从自然中分离出来。殊不知，"自然"与"人性"本是不可分的一体两面。人类最高贵的灵魂孕育于大自然。唯有彻头彻尾自白的人性才最值得推崇；唯有孕育在丰饶土地上的人性才能感动所有灵魂。

——初期论文《荷马的竞技》

人和物——为何人类无法见到那些东西呢？那是人自己阻碍了自己，他把东西都给遮盖起来了。

——《曙光》

我们的萌发——有许多东西在早期即存在于人性中。由于是在萌芽时期，尚很微弱，以致没人注意到它们的存在。经过一段很长的时日后，才会突然绽放开来。这也许需要长达数世纪的光阴，然而那些东西却也因此变得强壮而成熟。对某些人而言，似乎在某个时期会严重缺乏某种天赋或某种德性，不过——让我们耐心地等待吧！若是我们有时间等待，就等到他们的孙子或曾孙那一辈吧！总有一天，他们会将其祖父的思想或祖父本人也未曾察觉的本性表现出来。

——《快乐的科学》

人们不羞于思考肮脏的东西，但是当人们想象有人相信他们有这种肮脏念头的时候，他们就感到羞耻了。

——《人性的，太人性的》

商人并不生产，却善于定价。聪明之处在于：根据消费者的需要而不是根据自己的需要来定价……

——《尼采文集》

人们并不见得喜欢彼此沟通，隐藏秘密才是本性。

——《尼采文集》

太糟了！老是这种样子！一个人盖好了房子之后常发现，他不知不觉地学会了一些东西，而这些东西是他绝对应该在着手盖房子之前知道的。总是听到致命的那句"太晚了！"已完成每样东西的抑郁症！

——《善恶的彼岸》

"人们只能真正尊敬不考虑自己的人"——歌德对拉特·施洛塞尔说。

——《善恶的彼岸》

在和平的情况下，好战的人攻击他自己。

——《善恶的彼岸》

人，一切造物中最怯懦的造物，由于他那细腻而脆弱的天性，他的怯懦便成了教师，教育他发生同感，迅速领悟别人（以及动物）的情感。

——《朝霞》

2. 回复自我

你的良知在说什么——你要成为你自己。

——《快乐的科学》

你希望拥有一般人所谓的"公正眼光"吗？那么你要多观察别人，并学习前人的人格修养，来激励自己，并将这些修养表达出来。

——《知识时代遗稿》

自由的保证是什么——不再对自己感到羞耻。

——《快乐的科学》

"回复自我"（引用自希腊诗人品达的诗）这句话往往只适用于某些少部分的人，而且，对于这些少数人当中更少数的人而言，这句话往往是多余的。

——《人间的时代遗稿》

这一个活动性很强的人，开始想认知自己。病痛和死亡逐渐逼近他，然而他却一点也不恐惧。

——《人性的，太人性的》

只有那些自己改变的人，才配得上说已得到我的真传。

——《善恶的彼岸》

人们对于自己喜爱的东西，当它是财产、名誉，乃至于生死般。发生变故时，他对于自己所爱的人或事物，其看法便会随之改变。

我们若想成为一个真正的人，那么，我们所处的环境也未免太安逸了些。有些人是基于兴趣，有些人是因为无聊，有些人则是习惯性地看它。从未有人抱持着这种想法："认识它啊，否则我们将因而灭亡！"我们的认识都太肤浅了。

当然，除非真理像利刃般切割我们的肉体，否则我们的内心始终是在蔑视真理。真理仿佛"长着羽毛的梦幻"，有也好，没有也罢，毫不被你重视——为此，我们必得睁开双眼，求取自己所自认的真理。否则真理终将离你而去！

——《曙光》

在我们之间，连那些最有勇气的人也鲜有勇气去认识真正的自己！

——《偶像的黄昏》

你所能遇见的最大敌人乃是你自己。你埋伏在山洞和森林中，随时准备偷袭你自己。

你这个孤独者所走的，是追求自我的道路！

你应该随时准备自焚于自己的烈焰中。倘若你不先化为灰烬，如何能获得新生！

——《查拉图斯特拉如是说》

想不同流合污，不沉溺于世界潮流中的人，只要能放弃安逸的环境，便可以达成。"成为你自己吧！你现在的所作所为，一切思想、欲望，并非你的本性所需。"只要能顺从自己的良心，必有所获。

——《歌德〈箴言与省察〉》

从没有比那些不事修养自己灵魂，却四处游荡，找寻别人之缺点的人更令人讨厌的生物了，这些人终将为人所唾弃。他们是内心已腐蚀得只剩下一层表皮的生物，在宽松、装饰华丽的表皮下空无一物。更恐怖的是，其中说不定还有一个虚伪的灵魂。

——《歌德〈箴言与省察〉》

能够成为你自己本身的导师与典范的，唯有发自你的天性。唯有自己，才有资格成为自己的导师和内心的解放者。

——《不合时宜的思考》

生活的收获是生活——人类如何从认识自己当中让自己成长，如何客观地了解自己？——我想惟有从他自己的传记中了解。

——《人性的，太人性的》

我们是否能满足于现有的自己，并非今天所要追求的主题。而我们为了什么事感到自满，却是生存于世的重点所在。

当我们在某一瞬间脱口说出"善哉"时，我们并非只是对自己，而是有的事物都感到"满意"。不论是我们或任何事物，都不可能是单独存在的。

有一天，一旦我们对于能唤醒灵魂的思想感到满意而共鸣，并脱口说出"好"——在这一瞬间，我们将因而得救。如果我们能够永远地感到"满意"，那和圣者又有何不同？

——《权力意志》

确定你的身体是否健康，关键要看你的目的、视野、精力、动力、错误，尤其是你心灵的理想和想象力。如此，便会有形形色色的健康。越是让不同的个体昂起头来，越是忘却"人是相同的"这一教条，那么，我们医学家该抛弃的概念就会越多，诸如正常健康的概念，正常的病人饮食，正常的患病过程等。然后，才对心灵的健康和疾病做进一步思考，并且把每个人各具特点的道德摆到他的健康中加以考虑。自然，在某个人那里是健康的，在另一个人可能就是不健康的。

——《快乐的科学》

倘若我解释自己，我就欺骗自己；我不能做自己的解释人。

——《解释》

虚荣心强的人，与其说是想要出人头地，不如说自认为出类拔萃，所以自欺欺人或是自我谋略是不择手段的。

——《人性的，太人性的》

谁蔑视自己，谁毕竟总是还同时作为蔑视者重视自己。

——《善恶的彼岸》

我们作为认知者，对自己一无所知：这是有充分理由的。我们决不曾探究自己——我们应该永远寻找自己，这怎么会实现呢？

——《道德的谱系》

如果所谓的"认识自己"——即"理性"——是我们走向毁灭的原因，那么自弃、误解、蔑视、心胸狭隘、庸俗，往往就是理性的本身。

——《善恶的彼岸》

这个人之所以进出左邻右舍，乃是为了寻找自己；而别人之所以进出左邻右舍，则是为了摆脱自己。你们那谬误的自爱，使你们的孤独形成一座监狱。……倘若你们想被朋友那颗洋溢的心所爱，就当知道如何使自己成为一块海绵。

——《查拉图斯特拉如是说》

一个灵魂能够持有多少真理？这些问题便是我原先的价值观。错误并不是盲目，它是一种懦弱的行为……在知识方面的任何征服、任何进步，乃是勇气的结果，且是自制和自净的结果。

——《瞧，这个人》

关于自己谈得很多，这可能也是自身隐蔽的一个手段。

——《善恶的彼岸》

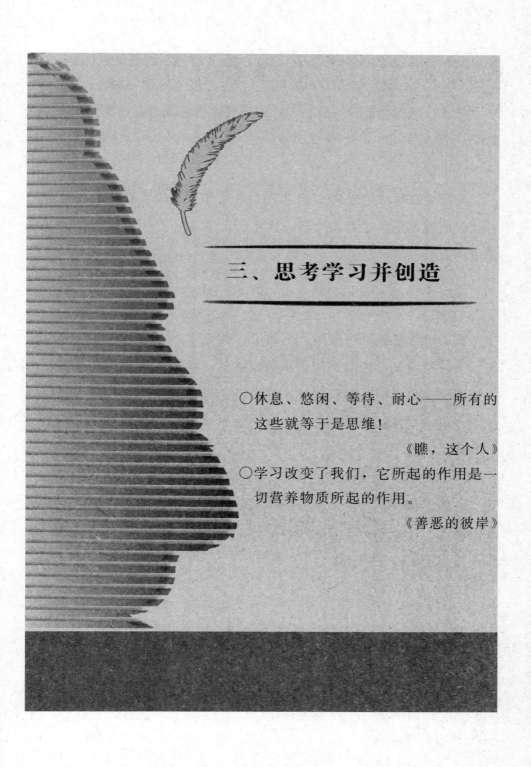

三、思考学习并创造

○休息、悠闲、等待、耐心——所有的
 这些就等于是思维!

《瞧，这个人》

○学习改变了我们，它所起的作用是一
 切营养物质所起的作用。

《善恶的彼岸》

1. 思考

休息、悠闲、等待、耐心——所有的这些就等于是思维！

——《瞧，这个人》

我们要在科学的思考中加进艺术力量和生活的实践智慧，形成一种比我们现在所熟悉的由学者、医生、艺术家和立法者这些老古董所组成的有机系统更高的有机系统。我们离这个目标还有多远呢？

——《快乐的科学》

我们思考是非常快捷的，半途上，行走中，在处理各种事务时均可思考。哪怕思考极端严肃的事情也无妨。我们不需要什么准备，也不需要宁静的环境，在我们的头脑里有一部不停运转的机器，它在最差的环境中亦可运作。

——《快乐的科学》

我觉得独处时看我的朋友，比与他们共处时更清楚、更美；而当我最爱音乐、最受其感动时，我是远离音乐的。所以，我要离远些看，以促使我更好地思考事物。

——《尼采文集》

我痛恨总是待在任何一种世界观里面，相反的思维方式具有无穷魅力，因为它不让自身失掉具有神秘魅力的特征。

——《尼采文集》

2. 学习

学习改变了我们，它所起的作用是一切营养物所起的作用。

——《善恶的彼岸》

消化这件事，于健康上，非有一种怠惰不可。
同一道理，想消化体验也必须如此。

——《查拉时代遗稿》

在这个世界上有许多肮脏的东西，但是，世界并不因此变成一个不干净的怪物！谁若不想枯萎于人群之中，就必须学习利用所有的杯子喝水；谁若想在人群之中保持洁净，就必须懂得如何利用脏水擦洗自己。

——《查拉图斯特拉如是说》

学习就是自己使自己有天赋——不过学习并非易事，不能光靠善良的愿望；必须善于学习。

——《曙光》

3. 认识

何时告别才好呢？——你对于自己想要认识的东西，最好暂时与它告别吧！即使是短暂的片刻也好。当你要离开一个城镇时，方知那些高塔都是耸立在那本来就高耸的屋顶上的。

——《人性的，太人性的》

如果不是在通向认识的道路上有如此多的羞耻要被克服，那么，认识的吸引力是微不足道的。

——《善恶的彼岸》

一无所知，比对许多东西都一知半解为好！

——《查拉图斯特拉如是说》

由于自身遭遇而受苦极深的人，比最聪明、最有智慧的人能够知道更多的东西，他知道他的道路，并曾经对遥远的、可怕的"你一无所知的"世界"了如指掌"。受难者这种精神上默默无言的崇高，作为知识的选民、"直接真传的"和几乎被牺牲了的人的骄傲，找到了各种必要的装饰，来保护自己，不接触他人伸出的怜悯之手，并且彻底反对在苦难上不相等的一切。深深的苦难使人崇高；它使人有了不同。

——《善恶的彼岸》

"为了认识本身的缘故而认识"——这是道德设下的最后的圈套，这样，人们再一次完全地陷入道德中。

——《善恶的彼岸》

怜悯在一个进行认识的人那里有一种几乎发笑的作用，正像细嫩的手在一个独眼巨人那里的作用一样。

——《善恶的彼岸》

我在街头巷尾听到这一解释，我听到民众中有人说："他认识我。"于是自问：民众到底是怎样理解"认识"的呢？当民众需要"认识"时，他们需要的到底是什么呢？他们需要的无非是把某种陌生的东西还原为某种熟悉的东西罢了。

——《"认识"的起源》

当哲学家把世界还原成"理念"时，他就说世界"已被认识了"。

——《"认识"的起源》

因为"熟悉的东西就是已经被认识的东西"呀。在这一点上，他们是一致的。其中的胆小者认为，熟悉的至少比陌生的易于认识，而认识的方法是从"内心世界"和"意识中的事实"出发，因为它们是我们熟悉的呀！真是荒唐到极点！熟悉的就是习惯的，而习惯的却是最难"认识"的。把习惯的当作问题，当作陌生的、遥远的、"我们身外"之物加以认识，真是相当不易啊……

——《"认识"的起源》

4．创造

创造者所寻找的是同伴与共同收割者：因为一切都已成熟，只等着他去收割。但是他缺少百把镰刀，故而感到十分懊恼，并用力扯拔着稻穗。

——《查拉图斯特拉如是说》

创造者所寻找的是同伴与善于磨快镰刀的人。他们被称为破坏者和善恶的轻蔑者；然而实际上却是收成并庆祝丰收的人。

——《查拉图斯特拉如是说》

人类为求自信而赋予万物价值——他只是为万物创造一个属于人类的意义而已！因此，他自称为"人"，意即价值的评估者。

评估价值便是创造，你们这些创造者听着！价值的评估本身便是一切被评估之物中的奇珍异宝。

惟有先评估价值，然后才有价值可言。未曾经过价值评估的存在之核，不过是个空壳罢了。你们这些创造者要切记！

——《查拉图斯特拉如是说》

变换价值——意即创造者的变换。创造者必须不断地破坏。

创造者起先是整个民族，而后才是个人。事实上，个人自己不过是最近才被创造出来的。

——《查拉图斯特拉如是说》

创造者所渴求的是成就超人的愿望和射向他的箭。

——《查拉图斯特拉如是说》

我的兄弟，创造超人的或许并非你们自己！但是你们可以把自己变成超人之父或先人——让此作为你们的最佳创作吧！

——《查拉图斯特拉如是说》

创造——并不是指创造出任何新的东西，而是那些自古已有、已为人所知、平日耳濡目染的东西，发现这些"新的东西"的人便具有独创的头脑。而那些发现真正新的东西的人，却被认为是一个幻想家——一个满街都是的家伙。

——《人性的，太人性的》

什么是创造力？去观察尚未被命名或为大家所目睹却无法指出其为何物的东西……

——《尼采文集》

四、哲学的维度

○所谓哲学家，就是那种专心一意体验
  凡人不能理解的事物，且耳濡目染、
  聆听、疑惑、希望、做梦的那群人。
                                《善恶的彼岸》

1. 哲学

事实上，我真想为那些哲学家和哲学教授刻上墓志铭，写着——"我们都是迷失自己的人"。

当然，如果我真的这么做，不但真理的女神会拍手叫好，连那街坊的老太婆都将同意我的话。好像没有一位男性会把真理的女神当作街坊的老太婆，也没有一个人会把那些坐在那不该得到的宝座上的人当作哲学家！

——《瞧，这个人》

哲学的迷误，就在于不把逻辑和理性范畴看成一种手段，用来使世界适应有用的目的（"从原则上说"是有用的伪造），而认为可以在其中找到真理的标准，实在的标准。"真理标准"其实只是这样一种原则上是伪造的体系在生物学上的利用：因为一类动物所知道的最重要的事情只是自保，所以人们在这里就要大谈其"真理"。其天真处就在于把那种以人为中心的怪癖当成衡量事物的尺度，鉴别"实在"与"不实在"的准绳：总之，是把相对性绝对化。

——《权力意志》

一种哲学思想的背后，往往潜伏着另一种哲学思想；每一种意见之下，都深埋着另一个问题：每一句话的背后，总有另一句话。

——《善恶的彼岸》

著作不就像是一位企图隐藏自己的人写成的？——或者，这些隐居者往往在完成另一本著作之后，内心中也更加上一层疑惑，而所谓

"最后的疑惑"又在何处呢？对哲学家而言，在每一个洞窟的背后，不都有一个更深的洞窟吗？这不已成了真理吗？在那里，是否隐藏着一个更广阔的未知世界？在他引以为傲的著作下，岂不是有一个更深的深渊吗？

这便是哲学家眼中的哲学——这也是隐居者的定义。

——《善恶的彼岸》

从隐居者的著述中，我们往往把类似荒野中的回响，当成孤独者的私语，并以满怀畏惧的眼神来观察四周。他最有力量的话语，他那高声疾呼的言论，响彻着包含某种危险的无言沉默。

年复一年地，不分昼夜和他自己的灵魂时而争辩得面红耳赤，时而亲切地私语。在那个洞窟中——那可能是一个迷宫，但说不定那是一个堆满黄金的矿坑——变成有穴的熊，变成寻宝的人，变成看守宝物的人或巨龙。在这个人的观念中，辉映着独特曙光似的色彩。由于长久的隐居，身上发出阵阵发霉的气味，仿佛故意吹起阵阵冷风，好引起来者们的不快似的。

这个隐居者——便是那种哲学家。因为他们往往就是那类的隐居者——任谁也无法想象，他们会把自己的意见写在自己的著作中。

——《善恶的彼岸》

哲学家——噢！就是常常从自己心中隐居起来，偶尔也害怕自己的人。但是由于他们那股强烈的好奇心，使得他们奋力地追寻自己，重返"自我"。

——《善恶的彼岸》

所谓哲学家，就是那种专心一意体验凡人不能理解的理物，且耳濡目染、聆听、疑惑、希望、做梦的那群人。

——《善恶的彼岸》

哲学家的一些"奇怪的想法"经常地遭受到外界的拳头攻击，而他们对于外界这些无情的攻击——却处之泰然，仿佛那些不过是鸟鸣一般自然且无可避免。

他们的思潮，犹如雷电交叉般澎湃汹涌！

他们是那种多愁善感，对于任何小事都会咆哮、呻吟、心碎、伤心，相信命运的人。

——《善恶的彼岸》

连康德都不配被誉为哲学家，因为他缺乏为生活而活的那股冲劲，且充其量不过是一个处在蛹中的人。我之所以会如此刻薄地批评他不配被誉以哲学家之名，是因为他根本不知道什么才是哲学家——哲学家不但是一位伟大的思想家，且更要是一位"真实的人"。对自己与事物之间，提出各式各样的概念或意见，或者是剽窃古人的文章据为己有的人，绝不可能是那种"探索事物之始源的人"吧！而且像这样的人，根本没有"探索事物之始"的眼光，而这些都是身为一位哲学家所必须具备的条件。

——《瞧，这个人》

哲学是一种自由的退隐到冰区和山峰——是对于存在上一切陌生而可疑东西的寻求，是对于一向为道德所严禁的任何东西的寻求。

——《瞧，这个人》

一个哲学家对自己的起码要求和最高要求是什么？那就是力争去克服他所处的时代，使自己成为"无时代"的人……

——《尼采文集》

当哲学家沉默的时候，可能他正处于心灵的高潮；他反驳自己的时候，可能是爱……

——《尼采文集》

一个人越是音乐家，就越是哲学家——抽象概念的灰色天空如同被闪电划破，明亮足以使万物纤毫毕露；伟大的问题也就伸手可触了，宛如山顶之上世界一览无遗。

——《尼采文集》

一个优秀的舞者所需要的营养，绝非脂肪，而是力量和柔度；一个哲学家所渴求的也和优秀的舞者一样。

——《尼采文集》

一个哲学家是这样一个人：他不断地经历、看到、听到、觉察到不同寻常的事情，并希望和幻想着发生不同寻常的事情；他觉得自己的思想是自己特有的一种事件和闪电，似乎来自外面，来自上面和下面；他自己或许就是一场孕育着新闪电的暴风雨；是个具有重大影响的人，在其周围总是有隆隆声，有窃窃私语声，有人惊得目瞪口呆，有奇怪的事情在发生。哦，哲学家是这样一种人，他常常逃离自己，常常害怕自己——但好奇心又总是使他"恢复自制力"。

——《善恶的彼岸》

自称哲学的东西总是产生自这种情感："科学是丑的、枯燥的、冷酷的、艰难的、拖沓的，——来！让我们美化它！"

——《朝霞》

现在所有的科学都在为哲学家未来的使命进行准备工作，而哲学家的使命就是：他们必须解决价值的难题，必须确定各种价值的档次。

——《道德的谱系》

就一个哲学家而言，道德愤怒明确无误地表明，他已经没有了哲学家的幽默感。

——《善恶的彼岸》

2. 哲理

谁在执行火刑的柴堆上还欢呼，谁就没有战胜疼痛，而是因为这样的事实：在他期待疼痛的地方不感觉到疼痛。

——《善恶的彼岸》

对脏物的厌恶会是如此大，以至于它阻止我们使我们清洁——为我们"辩护"。

——《善恶的彼岸》

舆论——是个人不假思索的盲从。

——《人性的，太人性的》

你相信什么——一切事物的价值都必须重新评估。

——《快乐的科学》

请相信我！量重大的事，不是最喧哗的，而是最静默的时刻。

这个世界不会绕着发明新噪音者旋转，而是绕着发明新价值者……默默地旋转。

——《查拉图斯特拉如是说》

最轻蔑人类的人，即是人类最大的恩人。

——《查拉时代遗稿》

一切的现象、一切的运动，一切的成长，都是一种和权势脱离不了关系的历程，换句话说，那便是一种作战。

——《权力意志》

在海中死于口渴，这是可怕的。你们难道一定要同样地给你们的真理如此加盐，以至于它不再止渴？

——《善恶的彼岸》

一个灵魂，它知道自己被爱，但不爱自己，这个灵魂泄露了它的沉渣：——它的残渣泛上来了。

——《善恶的彼岸》

以下将介绍一种方法——随着年轻的灵魂问："至今为止，你最钟爱的是什么？接受你那彷徨灵魂的又是什么？充满了你的心灵，让你感到无比幸福的又是什么?"你若以真诚的灵魂回顾过去,一定可以找出解答。

——《善恶的彼岸》

想跟世论一般思想的人,等于蒙蔽自己的眼睛,塞住自己的耳朵。

——《瞧,这个人》

借助于音乐,激情本身在享受自己。

——《善恶的彼岸》

"同情一切人"——这也许是对你的严厉和专制,我的邻居先生!

——《善恶的彼岸》

在一团和气中没有什么人的仇恨,但正是因此有太多的人的鄙视。

——《善恶的彼岸》

要尝到深井泉水的滋味是很费时的。

他们必须等待很久,才能获知藏在地底深处里的内涵是什么!

——《查拉图斯特拉如是说》

心情沉重的、忧郁的人,恰恰通过使别人心情沉重的东西,通过恨和热,而变得心情较轻松,并且暂时达到自己的表面。

——《善恶的彼岸》

人们在接触他时把自己的手指烧伤,如此冷的,如此冷冰冰的!

任何摸他的手都惊恐了！——有些人恰恰因此把他看作火热的。

——《善恶的彼岸》

谁与庞大的东西作斗争，谁就该注意到：他并不在这种情况下成为庞大的东西。如果你长久地朝一个深渊望去，那么，深渊也朝你深入地望去。

——《善恶的彼岸》

一种安静与静观——请特别小心，勿使你的安静与静观，变成了肉店前面的狗儿一般。不要有如狗儿一般，恐怖使你不敢前进，欲望使你不愿后退。同时，勿显示出目瞪口呆的样子。

——《人性的，太人性的》

最大的痛苦乃是精神最后的解放者。由于这个痛苦，我们才得以了解事物最后且最深的真理。

——《快乐的科学》

没有哪个胜利者信仰机遇。

——《快乐的科学》

失望的人说，——"我倾听回响，而只听到赞扬"。

——《善恶的彼岸》

我们大家都对我们自己假装比我们更单纯。因此，我们远离我们的同胞而休息。

——《善恶的彼岸》

使人害怕的经历提供了猜测，有这样的经历的人是否不是某种人害怕的东西。

——《善恶的彼岸》

男人的成熟表现于——当他恢复童年游戏时那种认真的态度。

——《善恶的彼岸》

"我们的最接近的人不是我们的邻居，而是我们的邻居的邻居"——每个民族都这样想。

——《善恶的彼岸》

所谓的理想化，并非如一般人所想象似的，只要去除枝叶一般繁杂的东西，就可以见到本质，而是必须使用猛烈的手段，以便把主要的特征驱策出来。为此，其他的特征必须销声匿迹。

——《偶像的黄昏》

在和羞于表达感受的人们交往当中，一个人必须要会掩饰，装糊涂。

——《快乐的科学》

趣味的健康。——一般而言，健康不像疾病那样会传染，在趣味上尤其如此，这是怎么回事呢？抑或存在着健康的传染病？

——《漂泊者及其影子》

谁不想看一个人的高度，而只是睁大两眼注视此人身上的那些明显的低处——谁就会由此而将自己暴露无遗。

——《漂泊者及其影子》

我不喜欢让最亲的人在我附近：
让他离开我高飞远行！否则怎能成为我的明星？

——《尼采诗选》

在赞扬中比在谴责中有更多的纠缠不休。

——《善恶的彼岸》

凡我们所为之事，从未被人理解；一直是这样：要么被赞美，要么被指责。

——《快乐的科学》

人类开始探索物之始源时，人类将变成螃蟹。历史学家总习惯往后看，而且只信任以往的事物。

——《偶像的黄昏》

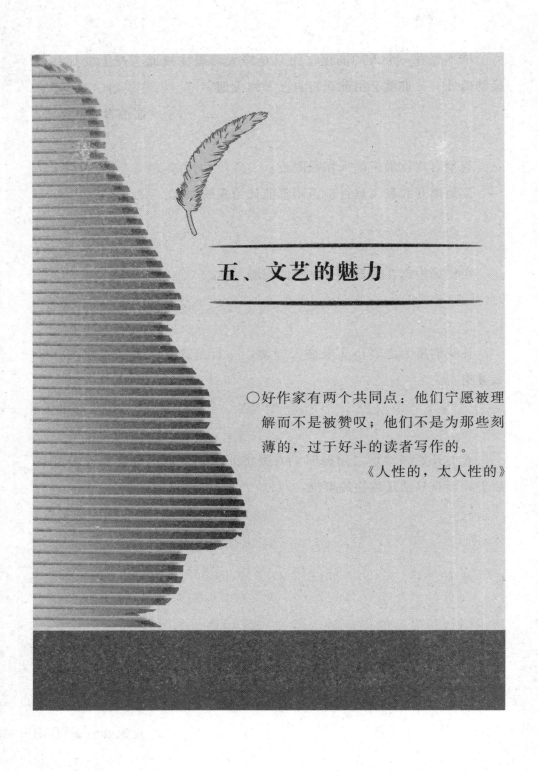

五、文艺的魅力

○好作家有两个共同点：他们宁愿被理
  解而不是被赞叹；他们不是为那些刻
  薄的，过于好斗的读者写作的。
                    《人性的，太人性的》

1. 文学

人们注意到，从前的散文大师都是诗人。不管公开承认也罢，还是私下或在"小室"里承认也罢，事实确实是这样。真的，只有用诗的形式才能写出优美的散文！

——《快乐的科学》

散文是一场与诗歌角逐的战争，连绵不断的文学战争。散文的魅力就在于避开诗、对抗诗。诗的抽象被它当作反对诗和嘲笑诗的狡猾手段，又说什么枯燥和冷峻把妩媚的诗歌女神带入妩媚的绝望。散文和诗也常常有片刻的接近与和解，但顷刻间又出现倒退并爆发出相互的嘲笑。散文常常把帷幕拉开。让刺眼的光线照进来，而诗歌女神却正当享受她的朦胧和晦暗色彩；散文常常先开口说出诗歌女神欲说的话，唱完一种曲调，可是诗歌女神对这曲调听不懂，一直把玉手套在耳畔。在这场持久战中，出现无数战斗的快乐，也出现失败，而所谓的散文家对失败却不加理会，依旧写着和说着那朴实无华的散文！

——《快乐的科学》

战争是一切美好事物之父，也是优美的散文之父！本世纪有四位具有诗人气质的奇才，其散文达到炉火纯青的境界。本来，这个世界是不适合于散文存在的，只因缺少诗，才有散文的地盘。歌德不算在这四位散文大家之列，我们这个世纪廉价地利用了他，才使其显身扬名。我认为这四位是里奥帕蒂、梅里关、爱默生和兰道。兰道是《想象的对话》一书的作者，此人堪称散文大师。

——《快乐的科学》

歌德笔下的人是一个坚强、极有教养、对于自己身边的事情整理得有条不紊、能够自我抑制、敬畏自己的人；是个不奢求自己不应得的事物，却能致力于获取他所应得的那种人。并非柔弱的允许，而是强者的宽宥。他们不放弃与生俱有的平凡天性，并懂得善加利用，来使自己有所长进。他不在意别人评论他的品德。除克服自己柔弱的天性外，这种人对任何事都不会有所禁忌的……

可喜的是，这种充分自由的精神，都拥有值得信赖的宿命观，堪以承受任何打击。他们容许斥退单一的事物，对于全体的事物或人，却依旧心怀慈悲，打从心底肯定人类存在的价值。他不再否定她的存在——这种信仰才是最高等的。

——《偶像的黄昏》

诗歌不是诗人脑子里产生出来而与这个世界脱节的奇异东西；它尽力成为与此相反的东西；它尽力成为真理的未加渲染的表现，因为这一缘故，所以它要抛掉罩在文明人所谓实在外面的没有价值的外套。在这个自然真理与文明虚伪谎言之间存在对立，正像事物的永恒本质与整个现象世界之间存在着对立一样。

——《悲剧的诞生》

我看到某些作家常常将他们时髦的褶式长袍拖曳在地上行走，总觉得有些可笑——他们是想把脚遮盖起来。

——《尼采文集》

一般来说，不善于清晰表达其思想的作家，在个别情况下也就喜欢选择用最强烈、最夸张的标记和最高级的形容词，以期产生一种光照效应，宛如斑驳的林荫道上有一束耀眼的火炬。

——《尼采文集》

对诗人来说，性格并不是由许多特点组成的整体，而是他看到眼前昭然夺目的活生生的人。

——《尼采文集》

永远会有坏作家，因为他们符合不发不成熟之辈的趣味，后者如同成熟者一样有其需要。

——《人性的，太人性的》

敏锐而明快的作家的不幸是，人们以他们为肤浅，因此不在他们身上下苦功，晦涩的作家的幸运是，读者费力地读他们，并且把自己勤奋的快乐也归功于他们。

——《人性的，太人性的》

读者和作者常常互不理解，因为作者太熟悉他的题目，几乎感到它无聊了，所以他放弃了他所知道的许多例子；而读者却对这事物生疏，如果不给他举例，就容易觉得根据不足。

——《人性的，太人性的》

即使最诚实的作家，当他想补足一个长句时，也常经常地漏掉一个词。

——《人性的，太人性的》

诗人是作为使人生变得轻松的人。——诗人若想使人的生活变得轻松，他们就把目光从苦难的现在引开，或者使过去发出一束光，以之使现在呈现新的色彩。

——《人性的，太人性的》

好的法国散文家以及他们之前个别希腊散文家的所愿和所能，与斯特恩的所愿和所能恰好相反，正是作为卓越的例外，他使自己凌驾于所有写作艺术家所追求的东西：合乎规矩，完整，个性，意图连贯，轮廓清晰，质朴，步伐和表情的克制。

——《人性的，太人性的》

好作家的特征。——好作家有两个共同点：他们宁愿被埋而不是被赞叹；他们不是为那些刻薄的、过于好斗的读者写作的。

——《人性的，太人性的》

大作家们改变有些段落的节律纯粹是因为，他们不承认一般读者能够掌握这些段落在他们的初稿中所用的节奏，所以他们为这些读者简化节奏，优先采用人们熟悉的节律。

——《人性的，太人性的》

还没有人解释清楚，希腊作家有空前丰富和有力的表达手段可供他们使用，为什么还使用得如此过于节省，以至于相比之下，每一本希腊之后的书都显得刺眼、花哨、夸张。——据说无论在北极的冰原，还是在最炎热的地区，使用盐都同样省俭，相反，气温比较适中地带的平原和沿海居民使用起盐来却最奢靡。莫非希腊人出于双重的理由，因为他们的理智比我们的更清朗，而他们的热情天性又远比我们的更热烈，所以不像我们这样需要大量盐和作料？

——《人性的，太人性的》

语言不是为倾诉感情而被赋予我们的，其证据是一切朴实的人都羞于为自己内心的激动寻找言辞，这种激动仅表现在行动中，而且在这个时候，倘若别人似乎猜到了他们的动机，他们会为此脸红。

——《人性的，太人性的》

最好的作者。——最好的作者是那羞于成为作家的人。

——《人性的，太人性的》

有一些作家，他们把不可能的事描绘得像可能的事一样，谈论起灵性和天才来就好像它们只是一种心境和爱好似的，以此产生出一种奔放自由的情感，宛如人以足尖站立，遏止不住地要翩翩起舞了。

——《人性的，太人性的》

诗人的思想。——在真正的诗人那里，真实的思想都是蒙着面纱走来的，如同埃及女人：只有思想的深邃目光越过面纱自由地朝外看。——诗人的思想平均而论不像一般认为的这么值钱，我们还为面纱和自己的好奇心付了费。

——《漂泊者及其影子》

但是，经典作家不是知性美德和文学美德的培植者，而其完成者和最高的光明树梢，他们始终存在于民族之上，哪怕这些民族本身已经灭亡，因为他们比民族更轻快，更自由，更单纯。人类会有一种更高的状态，那时民族的欧洲已成黯淡的遗忘，但欧洲仍然活在三十本十分古老、永不过时的书中，活在经典作家身上。

——《漂泊者及其影子》

诗人与凤凰。——凤凰给诗人看一卷烧焦了的东西。它说："别害怕！这是你的作品！它没有时代精神，也没有反时代精神，因此，它必须被烧掉。不过这是一个好兆头。它具有朝霞的某些特性。"

——《朝霞》

预先领略的人。——具有诗人气质的人，其特长和危险都是他们那淋漓尽致的想象力：对于将要或可能会发生的事情，他们都预先领略、预先品尝、预先经受了，以致最后事情真的发生和实现时，他们已经疲了。颇知个中滋味的拜伦在日记里写道："如果我有一个儿子，他当成为完全散文的人物——律师或海盗。"

——《朝霞》

2. 写作

伟大的文章体裁——产生在战胜时代洪流的怪物时。

——《人性的，太人性的》

注意语气——年轻的作家，往往都好表现，喜欢提出标新立异的思想，常会在文章中告诉读者："知道吗？只有我才是那颗宝石，在我身边的家伙都是一些铅块，是那种苍白且无用的铅块罢了！"文章里一旦出现这种口气，那一页，不！那整本书必然皆是一些自以为是、毫无可取的内容。

不论是任何话语或任何思想，不应只局限在那些"他自己的朋友"之间传诵才对，这一点也适用于写文章之时。

——《人性的，太人性的》

世间有许多非常有价值的珍贵图书，要完好地保存它们，并让人们读懂它们，需要数代学者的努力。一再地加强这一信念，便是语文学的任务。语文学的前提是：世间并不缺乏知道如何使用珍贵图书的稀世人才（尽管人们不能立即看到他们），他们就是自己撰写这类珍贵图书或者有能力撰写的人。

——《快乐的科学》

他用心血和格言写成的东西，并非要让人随便阅读，而是得用心去体会的。

——《查拉图斯特拉如是说》

一切作品之中，我只爱以自己的心血写成者。用你的心血去写吧，如此你将发现那心血便是精神。

——《查拉图斯特拉如是说》

允许每个人都能读书，则最后不仅将破坏写作，甚至还会累及思想。

——《查拉图斯特拉如是说》

了解读者的人，不会为读者而写。因为再过一世纪，这些读者（与其精神）都已与草木同朽了。

——《查拉图斯特拉如是说》

四分之三的力量——如果一位作者想写出一部美好且健康的作品，他必须切记：只需使出四分之三的力量就够了。

相反地，作者使出全力所写出的作品，不仅会让读者感到兴奋，且会由于紧张而陷于不安。

——《人性的，太人性的》

作家写东西时，不只是要让人了解，更要让人无法了解。无疑地，一本书的目的，就是要让人百思不得其解——也许这就是作者真正的意图——作者并不期望他作品中的含义，简单到不用大脑就可理解。

——《快乐的科学》

一个高贵的灵魂，总是要审慎地选择对象，以传达它的理想；同时也树立藩篱，以隔绝"其他人"。

——《人性的，太人性的》

体验与创作——我们所谓的意识是无法让人明了的。或许可以说，是不愿让别人了解的。可是，当我们阅读自认为可以了解的原文时，多少都会加入自己幻想的诠释。于是我得详细地将自己的意见写下来……到底我们的体验又是什么？与其说是本来已有的内涵，不如说是我们自己所加入的诠释吧！或许我们可以说，是自己想明了"这里面还缺少什么"？不是吗？体验不就是一种创作吗？

——《曙光》

书本往往具有独立的人格——不论是哪一位作者，每当书本脱手之后，书本本身也脱离了他的生活。他每每会为昔日的著作感到惊讶。就好比是从一只昆虫上切除了一部分肢体，而作者眼见自己肢体的一部分离自己而去似的。或许他早已将自己的著作忘得一干二净了。他早已否定自己昔日的意见，到达更高的层次了，或是早已忘了昔日曾有过如此的著作。他早已遗忘了昔日翱翔于天际的翅膀了。

而脱离作者后的这本书，将靠自己的力量去寻求读者。自己点燃生命的火花，沉醉于自满的喜悦当中，或深陷于恐惧当中。而作者本人却企图再写出与以前完全不同风格的作品——外表看起来，作者的精神与灵魂依然存在。然而，他埋首于著作时，早已脱离人类的境界了。

　　垂老之后，如果他想在自己的作品当中注入新的生命力往更高的境界启蒙无知大众的思想，即使他已步入风烛残年，他仍是一位最幸运的作家。

——《人性的，太人性的》

　　研究的因果如下——喜好模仿的人，会因在研究中的刺激而从喜爱中理解，惟有那些致力创造作品的人，才会真正地去学习……这也就是歌德之所以能理解古代文学的理由，他常以那些古人作为竞争时的精神支柱。

——《初期论文·我们的文献学者》

A：我不属于那些一面挥笔疾书一面思考的人；更不属于面对墨水瓶、坐在椅子上、呆视着稿纸、任凭激情所左右的人。我总对写作感到烦恼和羞愧，但写作于我又是必不可少的事务。我甚至讨厌用一种比喻来说明。

B：你为何要写呢？

A：噢，亲爱的，说句知心话：我至今还没有找到其他办法以摆脱我的思想。

B：为什么要摆脱呢？

A：为什么？我想摆脱吗？我必须摆脱！

B：够了！我懂了！

——《快乐的科学》

　　最幽默的作家使人发出几乎觉察不到的微笑。

——《人性的，太人性的》

从容不迫——无法想象一个人生下来精神就已经成熟了。当他完成作品之后，便像秋天黄昏的落叶坠落于地。希望他不要被性急的渴望，勉强地写出他无法胜任的作品。

所有的创作都是罪恶的，只会显出作者的羡慕、嫉妒、野心罢了！对读者而言，这些作品往往不如昔日的作品——想成为卓越的作家，惟有先成为比"生产性人类"更高一级的人。

——《人性的，太人性的》

有些人或事物经受不了缩小处理。如不能把拉奥孔群雕缩小成摆设用的小人像——它必须是大的。令人震惊和罕见的是，渺小的东西反而经受得了放大。因此传记作家把伟人写得渺小，总比把小人物写得伟大更成功些。

——《尼采文集》

我只钟爱作者用自己的心血写成的作品。请用你的心血写作，你会明白，心血原来是精神。

——《尼采文集》

精选的现实。——好的散文作家只使用口语中的词汇，但远非口语中的全部词汇——讲究的风格由此而产生——同样，未来好的诗人将只描述现实的东西，对于过去的诗人显示其能力的一切幻想的，迷离的、半真半假的、渐已消逝的东西完全不屑一顾。仅仅是现实，但远非所有的现实！——而是一种精选的现实！

——《人性的，太人性的》

谁刚开始写作并感觉到自己的写作热情，他从他所从事和经历的一切中就几乎只领会可以充当写作材料的东西，他不再想自己，而只想着作家及其读者：他有志于观察，但不是为自己所用。

——《人性的，太人性的》

闭嘴。——作品开口之时，作者就应该闭嘴。

——《人性的，太人性的》

"好书需要时间。"——每一本好书刚产生时，味道都是酸涩的；它带有新事物的缺点。除此之外，它的活着的作者也损害到它，倘若他有名而他的一些事情传出来的话，因为全世界都惯于把作者与其作品混为一谈。作品中精神性的、甜蜜的、闪射金光的东西，必须经过许多个年头，在逐渐生长和成熟、终于形成为传统的那种敬意的照料之下，才会展现出来。必须在上面花费一些时间，一些蜘蛛已在上面结了它们的网。好的读者使一本书越来越好，而好的对手使它变得澄明。

——《人性的，太人性的》

写作风格和说话风格。——写作的艺术尤其要求那种表达方式的替代手段，那种方式是说话的人才有的，也就是表情、重音、语调、眼神。因此，与说话风格相比，写作风格是一种完全不同的东西，也是难得多的东西：它要用较少的手段像前者那样被理解。狄摩西尼当时做的演讲和我们现在读到的不同，他做了加工，才使它们变得可读。——西塞罗的演讲应该为了同样的目的做狄摩西尼式的处理，而现在其中有太多古罗马会场的因素，超出了读者所能忍受的限度。

——《漂泊者及其影子》

绕道。——倘若我们还说不出，每个平庸作家在表达同类事情时会不可避免地想起哪一个词，我们就不知道，那些优秀作家的表达和措辞的妙处在哪里。一切伟大艺术家在驾驭其马车时都显示自己宁愿绕道和出轨——但不是翻车。

——《漂泊者及其影子》

词的气味。——每一个词都有它的气味：气味之间有和谐与不和谐，词之间也如此。

——《漂泊者及其影子》

做作的文风。——对于文风做作的朋友，质朴的文风是一个冒犯。

——《漂泊者及其影子》

限制和放大。——荷马限制、缩小题材的范围，但让个别场面充分展开，把它放大——后来悲剧作家也一再这样做：每个人都比他的前辈取用更小的一段题材，但每个人在这被限制和圈围的园林里达到了更丰富的百花盛开。

——《漂泊者及其影子》

留心步态。——句子的步态表明作者是否疲倦了；虽然如此，个别表达总还能够是有力而出色的，因为它是以前单独被找到的，当这个想法第一次向作者闪现。所以，歌德常常是这样的情况，当他疲倦之时，他就总是口授。

——《漂泊者及其影子》

小心引证。——轻的作者不懂得，好表达、好思想只在其同类中才显出好来，一条精彩的引文能够毁掉好几页，甚至毁掉整本书，同时它警告读者，仿佛对他喊道："当心啊，我是宝石，而我周围的是铅，灰白、卑劣的铅。"每个词，每个思想只愿生活在它的圈子里：这是高雅风格的道德。

——《漂泊者及其影子》

悲伤的作者和严肃的作者。——谁把自己正在受的苦搬到纸上，谁就成为一个悲伤的作者。但是，如果他告诉我们，他曾经受过什么苦，为什么现在他在快乐中休养，他就是一个严肃的作者。

——《漂泊者及其影子》

作者的丰富。——一个好作者得到的最后的东西是丰富；谁若携带着来，就绝对成不了好作者。最名贵的马都是瘦的，直到它们可以从它们的胜利中得到休息。

——《漂泊者及其影子》

经典书籍。——每一本经典书籍的最大弱点在于它是用它的作者的母语写的。

——《漂泊者及其影子》

冒险的对比。——冒险的对比如果不是作家的恶作剧的证明，则就是他的疲惫的想象力的证明。但是，在每种情形下，都是他的坏趣味的证明。

——《漂泊者及其影子》

半盲人。——半盲人是一切放任自己的作者的死敌。这些作者应该知道他怀着怎样的愤怒合上一本书，他从这本书中发现，其作者需要五十页来传达五个想法：他愤怒是因为他仅剩的视力几乎毫无报偿地被带入了危险之中。——一个半盲人说：一切作者都放任自己。——"也包括圣灵？"——也包括圣灵。但他可以这样。他是为全盲人而写。

——《漂泊者及其影子》

涂上颜料的骨骼。——涂上颜料的骨骼：这是那些作者，他们想用人工色彩代替他们肉体所缺少的东西。

——《漂泊者及其影子》

3. 艺 术

艺术家选择素材，这就是他的赞美方式。

——《快乐的科学》

只有艺术家，尤其是戏剧艺术家才给人们安上眼睛和耳朵，让他们高高兴兴地看和听；每个人自己是什么，经历了什么，自己想干什么；他们教会我们如何评价英雄，本来，我们芸芸众生里并无人知晓这英雄。他们教会我们一种艺术：怎样把自己当成英雄，从远处简略而清晰地观察自己，此乃将自己"置于场景中"的艺术。于是乎，我们得以摆脱了身边鄙琐之事！

——《快乐的科学》

文化的巨人们——率领众人横越冰河，前往绿油油的盆地。他们率领众人占领那拥有数条小河的牧场和山谷，让追随的人生活得更幸福。人类的历史也是这样的。人们以最残暴的武力去破坏一切之后，再以最祥和的良俗来建立家园。为了让家人更幸福，这股邪恶的破坏力量是不可或缺的——这些文化的巨人即是人性的建筑物，也是人性的开拓者。

——《人性的，太人性的》

一个剧作家要是不把一切变成理性和言语，而手里总是保留小段沉默，那么，人们就会理直气壮地责备他；但是，假如一位歌剧音乐家不知道为最佳的艺术效果捕捉旋律，而只知道寻找效果颇佳的、"符合自然"的呐喊和结巴，人们对他也会不满的，这也同样违反了自然！这里涉及的问题是，鄙俗的、"想当然的"激情应该让位于一种更高的激情！

——《快乐的科学》

艺术——艺术是至高无上之物！它是使生存变成可能的伟大之物，也是对生存的伟大诱惑者，更是对生存构成极大刺激之物。

——《权力意志》

艺术可以拯救认识它的人——对于看到生存恐怖问题的人，或者想一睹为快的人。也就是说，对于生存具有悲剧性认识的人，艺术可以伸出拯救之手。

——《权力意志》

艺术能够拯救行动者——对于看到生存恐怖一面的人，以及想在这种恐怖问题中求生存的人，也就是悲剧性的战斗者以及英雄，艺术都能够伸出拯救之手。

——《权力意志》

艺术能够拯救苦恼者——艺术能够净化苦恼、神化苦恼，使苦恼也能成为伟大的一种恍惚状态。

——《权力意志》

在与学者和艺术家交往时，人们很容易在颠倒的方向上犯错误：在一个值得注意的学者后面，人们经常找到一个平庸的人，在一个平庸的艺术家的后面，甚至常常——找到一个很值得注意的人。

——《善恶的彼岸》

这位艺术家除了功名心别无所有。最终，他的作品只是供给每个人观看的放大镜罢了。

——《快乐的科学》

若要对热衷这类音乐的人作一番思考，那么就揣摸一下贝多芬吧，看看贝氏在特普利兹与歌德相遇是怎样的情形。那是半野蛮与文明的交汇，平民与贵族的邂逅，风雅之士与"好人"的聚首，幻想者与艺术家的会晤，期盼抚慰的人与被抚慰者的会合，夸张者、被怀疑者与位卑者的互访。贝多芬乃狂怪之士、自虐者、顽愚的狂欢者、愉快的不幸者、忠实的放任者、自命不凡的迟钝者，总之，是个"桀骜不驯的人"。歌德对他也有这个感觉，也送给他这个名号的。而对歌德这个特殊的德国人，至今尚无一种音乐可与之匹配呢！

——《快乐的科学》

德国人现在对韵律的轻视正在蔓延，韵律意识的萎缩是否可以理解为一种民主的恶习，抑或革命的后遗症呢？因为韵律对法则有公然的兴趣，而对变动中的、未成形的、随心所欲的东西则表厌恶，所以，它听起来犹如来自欧洲古老秩序的音响，这音响像要诱惑人们倒退到古老秩序中去似的。

——《快乐的科学》

艺术家的气质，是一种例外的状态。他们深深地体会到精神病痛的根源，并与之紧密地结合在一起。就因为这样，艺术家要看起来没有病，似乎是不太可能的了。

——《权力意志》

与事物拉开距离，直至看不见它们；或者为了看清事物而追加补看；或者变换角度观察，从横截面观察；或者把事物放在某个地方使其产生部分变形和伪装；或者做透视法观察；或者用有色玻璃观察，在夕阳余晖里观察；或者赋予事物一层不完全透明的表层。凡此种种，我们都应向艺术家学习；岂止学习，我们应比他们更聪明才是，因为他们美好的力量一般是随着艺术的终止而终止，我们呢，我们要成为生活的创造者，尤其是创造最细微、最日常的生活。

——《快乐的科学》

像面包这种东西，可以中和并掩盖其他食物的味道，所以在费时颇长的餐宴上，非得有它不可。一位艺术家如果没有这种东西，只是不眠不休地做下去，他就会感到厌倦，并且产生反感，其结果会使他无法像长时间的餐宴般持续下去。

——《人性的，太人性的》

在自我肯定之中扎根，那是活生生的自我肯定，也是自我赞美。所有美且伟大的艺术都属于此。两者的共同本质，不外是感谢。

——《华格纳的场合　结尾》

我们有什么办法可以把本来不美、不吸引人、不值得贪求之物变美、变得吸引人、变得令人贪求呢？

在这方面，我们可以向医生学习，比如，医生把苦的东西稀释，把酒和糖放进混合杯里，不过还可以向艺术家学得更多，因为他们本来就是不断致力于这类艺术的创作。

——《快乐的科学》

在这种状态之下，人们会基于自己本身的充实，而使所有的东西都丰盛起来。不管看到什么东西，都会认为它们很有劲、有活力。在这种状态下的人，能够使事物变化，一直到它们能反映他的威力——成为他完全的反射为止。

如此这般非变成完全的东西不可者——也就是艺术。

——《偶像的黄昏》

以艺术来说，人类将以完全无缺的方式享受自己。

——《偶像的黄昏》

艺术本质上的特点，也就是——只有它才能够"使存在完成"。同时，它也是一种祝福，一种神化之物。

所谓的厌世性艺术，到底意味着什么呢？那不是太自我矛盾了吗？当萧宾哈威尔使某种艺术作品对厌世主义发生作用时，他犯了很大的错误，因为悲剧并不说"断念"这个词。

表现恐怖的事物以及有问题的事物这件事，也就是艺术家权力及支配力的本能。是故，艺术家并不怕它。

厌世的艺术是不能存在的。……艺术能够肯定这一点。

——《权力意志》

凡是思考、写作、绘画、作曲，乃至建筑和雕塑的作品，要么是独白式的艺术，要么是见证人的艺术。

——《快乐的科学》

真理是丑恶的。为了不被真理所消灭，我们需要艺术。

——《权力意志》

正因为有所谓的艺术以及美的行为、直观等，所以不能缺少一种生理学的预备条件——那也就是所谓的陶醉。首先，所谓的陶醉必须提高"全部机械"的兴奋。否则的话，不能成为艺术。

——《快乐的科学》

希腊人特别容易感受细微而深刻的痛苦，他们曾洞察自然和历史的破坏力量，可是，这些深奥的希腊人，却借着这种合唱队而自求安慰。他们曾有过陷入佛家那种否定意志的危险，但艺术救了他们，透过艺术，他们重新获得了生存的意义。

——《悲剧的诞生》

艺术家们总是在不断地美化那些口碑甚佳的事物和状态，此外便无所作为。人们因为这些事物和状态而自觉良好、伟大、陶醉、快乐、舒适和聪慧。对于人的幸福来说，这些经过挑选的事物和状态确有其价值，这是早有定论的。它们是艺术家美化的对象。艺术家一直在窥探并发现它们，然后将其纳入艺术领域。

　　我说，艺术家本身并非是幸福和幸福事物的评价者，不过，他们总是挤到那些评价者身边，以极大的好奇和兴趣，企盼自己的评价立即产生功利。他们急不可待，更兼具备传令者的肺，跑腿者的脚，故而总是占得先机，成了美化善的人，始对其称善，继而，做善之评价，并以此身份抛头露面。

　　　　　　　　　　　　　　　　　　　　——《快乐的科学》

　　我以为，艺术家们往往不知道自己最擅长什么，因为他们过于虚荣，把心思全用在倨傲上。本来，这棵倨傲的幼芽在土壤里是可以长得十分完美、新奇而漂亮的，可惜他们高估了自己花园里和葡萄园里的珍奇，宝爱之物与对宝爱之物的审视不处于同一等级。

　　　　　　　　　　　　　　　　　　　　——《快乐的科学》

　　事实上，他已把某些不可言说的、看似对艺术没有价值的、用言语只会吓跑而不能捕捉的东西，亦即心灵中某些细微莫辨的东西纳入艺术轨道了。是的，他就是擅长刻画细腻情感的大师呀。

　　　　　　　　　　　　　　　　　　　　——《快乐的科学》

　　面对着强大的敌人、崇高的怪物，以及能引起人战栗的问题，而能够勇敢又自由地表达自己的感情——这种胜利而耀武扬威的状态，正是悲剧性的艺术家所欲选择而加以赞美的东西。

——《偶像的黄昏》

那么，充满了悲剧性的艺术家，到底为自己叙述了一些什么呢？是否有如萧宾哈威尔所表示一般，面对着恐怖以为奇怪的事物，以致不得不感到恐怖呢？

其实，这种状态也就是一种高度的愿望。凡是知道这种状态的人，必然会对它表现最高的敌意。而且，他还会把那种情形说出来。如果他是艺术家，又是传播天才的话，他是不可能不传播它的。

——《偶像的黄昏》

事实上，就有一个哲学家给艺术加上这种意义。萧宾哈威尔说："艺术全体的意图，在于从意志获得解脱。"他又说："艺术能引起看破一切的情绪。"并且把这句话当成悲剧的最大效用。

不过，这是厌世主义者的看法，也是一种"邪恶的看法"。

——《偶像的黄昏》

我们对艺术的究极感谢——如果我们不承认种种所谓的"艺术"，又不曾发明所谓"艺术"的虚假崇拜的话，那么今日学识带给我们的非真实以及虚构的洞察——所谓人类生存的条件之一，就是能够认识并感觉到妄想以及谬误——将使人难以忍受。

——《快乐的科学》

不过，我们的诚实拥有一种反对势力，可救助我们，以免招致那种结果。那股势力也就是艺术，乃是对于假象具有善意的艺术。

——《快乐的科学》

因为，我们实在需要那种飘飘然，有如舞蹈，又有如嘲弄般类似儿戏的至福艺术——为了不被我们理想所要求之事物所拘束，我们必须如此做。

——《快乐的科学》

为此，我们绝对不能缺少艺术，正如我们不能没有丑角的表演一般。

——《快乐的科学》

每个神话总有这样的命运：它会逐渐潜入所谓忠实的狭隘范围内，于是后世某些人竟然把它当作有据可查的史实。

——《悲剧的诞生》

演奏大师作品的钢琴家，如果他把大师忘掉，显得他好像在倾诉自己的一生，或此刻正身历某境，就会到达最佳境界。

——《人性的，太人性的》

如今只有病态的音乐才有市场。

——《人性的，太人性的》

每种伟大的现象都会发生质变，在艺术领域里尤其如此。

——《人性的，太人性的》

艺术如果强烈地吸引住了一个人，就会驱使他去回顾艺术最繁盛的时代——艺术的教育作用是倒退性的。

——《尼采文集》

没有人能在艺术家的作品上看出艺术制成的过程，这是其优越之处，因为只要能看到制作过程，欣赏热情就会冷却。完美的表演艺术拒绝对其排演过程的任何考察，它需要直接呈现完美来产生强烈效果。

——《尼采文集》

只要一个人能产生把自己变成别人并且借用别人的肉体和心灵来说话的冲动，就是戏剧家。

——《尼采文集》

用艺术家的眼光考察科学，又用人生的眼光考察艺术……

——《尼采文集》

我们认为，如果一位艺术家、一件艺术品吸引了我们，震撼了我们，其优秀就算得到证明了。可是，必须首先证明我们在感觉和判断方面是非常优秀的才可以……

——《尼采文集》

崇高是以艺术来战胜恐怖，滑稽是以艺术来解脱荒唐。

——《尼采文集》

诗是现实的不加粉饰的表现，因此它必须摒弃文明人所假设的现实的伪装。

——《尼采文集》

观众越是能把艺术作品当艺术来看，也就是说，用审美的态度来观照，他就越是合格的观众。

——《尼采文集》

恋人们在欣赏音乐时都会这么想：它一定在说我，它能代替我说话，它了解一切的一切！

——《尼采文集》

艺术家在高空中创作了神妙的作品，但是公众却不能达到这样的高度，即使爬上也会颓然坠落。两者之间就出现了一条鸿沟。

——《尼采文集》

艺术，之所以为艺术，乃是使虚妄成为可能的壮举，是生命的诱惑者，是伟大的兴奋剂。

——《尼采文集》

语言既然是现象的表现工具和象征，就无论如何也不能揭示音乐的玄妙深奥之处。语言在企图模仿音乐时只能在音乐的表象滑行，即便抒情诗穷尽动听的辞藻也无法使我们更深地体会音乐最内里的意义。

——《尼采文集》

不管造型艺术抑或音乐和诗歌，在美丽灵魂的艺术之外，还有丑恶灵魂的艺术。也许后者恰恰最能达到艺术之最强效果，它令心灵碎裂，顽石有了生命，禽兽变成了人。

——《人性的，太人性的》

我对艺术的爱驱使我提出三个要求：剧场不应该支配艺术；演员不应该引诱真诚的艺术家；音乐不应该成为说谎的艺术。

——《尼采文集》

艺术不怕穿着破衣衫，那样才使人认出它的真面目。

——《尼采文集》

诗人要想使人们的生活呈现出轻松愉快的样子，就要把人们的目光从苦难的现在引开，或者使过去发出光芒，使现在呈现新的色彩。

——《尼采文集》

只有艺术才能把苦难变为欢乐。

——《尼采文集》

完美的作品都是一挥而就的产物。

——《尼采文集》

艺术中的混合类型提供了证据，证明其作者对于自己能力所感觉到的不信任；他们寻求帮手、辩护人和藏匿处。——于是，有求助于哲学的诗人，求助于戏剧的音乐家，求助于修辞学的思想家。

——《人性的，太人性的》

实际上，优秀艺术家和思想家的想象力是在不绝地生产着，产品良莠不齐，但他们的判断力高度敏锐而熟练，抛弃着，选择着，拼凑着，正如人们现在从贝多芬的笔记中所看到的，他是逐渐积累、在一定程度上是从多种草稿中挑选出最壮丽的旋律的。

——《人性的，太人性的》

谁若不是长时间地完全戒除一种艺术，反而一直浸润于其中，他就不能旁观者清地懂得，一个人即使没有这种艺术而生活，其实也没有什么欠缺。

——《人性的，太人性的》

无需艺术和酒而生活。——欣赏艺术品如同饮酒，而更好的是两者都不需要，只是喝水，依靠灵魂的内在的火和内在的甜，自己不断地把水变成酒。

——《人性的，太人性的》

毫无审美良知的人。——一个艺术派别的真正狂信者是那些完全非艺术的天性，他们对于艺术学说和艺术才能的基本概念一窍不通，却最强烈地被一种艺术的所有初步效果所俘虏。对于他们来说，不存在审美良知——因此没有任何东西能够阻止他们狂信。

——《人性的，太人性的》

公众。——民众对于悲剧除了好好地受一番感动，可以痛哭一场之外，本无别的希求；相反，艺术家在看一出新悲剧时，感兴趣的是巧妙的技术发明和艺术技巧，题材的安排和处理，旧主题、旧构思的翻新。——他的立场是对待艺术品的审美立场，是创作者的立场，民众的立场是尝尝新鲜，只看题材。介于二者之间的人无甚可说，他既非民众，也非艺术家，自己不知道自己要什么，所以，他的兴趣是含糊而微不足道的。

——《人性的，太人性的》

在艺术家中，恰是那种独创的、自为源泉的人有时会写出极其空洞乏味的东西来，相反，有所依赖的天性，所谓的才子，倒是充满对一切可能的美好事物的记忆，即使在才力不足时也能写出一些说得过去的东西。而独创者却是与自己隔绝的，所以记忆无助于他们，于是他们变空了。

——《人性的，太人性的》

损害历史以变得伟大。——每个后来的大师，为了把艺术欣赏者的趣味引入他的轨道，就不自觉地对过去的大师及其作品进行选择和重新评价：他们中间与他相合和相似的东西，能够突出他的味道和预报他的到来的东西，从现在起就被当作他们身上和他们作品中真正有价值的东西，——一颗果实。其中照例藏着一个大错误，一条虫子。

——《人性的，太人性的》

艺术家们喜欢让人们相信顿悟，即所谓灵感；仿佛艺术品和诗的观念，一种哲学的基本思想，都是天上照下的一束恩惠之光。

——《人性的，太人性的》

谁若不太严格地取舍，纵情于再现记忆，他也许可以成为一个比较伟大的即兴创作家；但是，与严肃刻苦地精选出的艺术构思相比，艺术上的即兴创作相形见绌。

——《人性的，太人性的》

艺术天才愿给人快乐，但如果他站在一个很高的水平上，他就很容易曲高和寡，他端出了佳肴，可是人家不懂品尝。

——《人性的，太人性的》

思想家以及艺术家，其较好的自我逃入了作品中，当他看到他的肉体和精神渐渐被时间磨损毁坏时，便感觉到一种近乎恶意的快乐，犹如他躲在角落里看一个贼撬他的钱柜，而他知道钱柜是空的，所有的财宝已经安全转移。

——《人性的，太人性的》

——伟大的艺术家误以为，他们用他们的艺术完全占有和填满了一个灵魂。经常使他们痛苦失望的事实却是，那一个灵魂因此只是变得更加肥大和更加难以填满了，以至于现在十个更伟大的艺术家也只能够落到它的底部，不能把它喂饱。

——《人性的，太人性的》

艺术中过分修饰的文体是面对过于丰富的手段和意图组织能力变弱的结果。——在艺术的开端，情况有时正与此相反。

——《人性的，太人性的》

从风格的一个等级向另一个等级前进应当循序渐进，以便不但艺术家自己，而且听众和观众都一同前进，并且确知发生了什么事情。

——《人性的，太人性的》

如果艺术强烈地吸引住了一个人，就会引他去反顾艺术最繁荣的时代，艺术的教育作用是倒退性的。

——《人性的，太人性的》

新音乐的艺术发展使理智得到特殊的训练，从而使我们的耳朵也日益理智化了。

——《人性的，太人性的》

现代艺术中的感性。——现在，当艺术家们致力于其艺术作品的感性效果时，他们往往失算；因为他们的观众或听众不再具有他们那样完满的感官，完全违背艺术家的意图，反而由其艺术作品而陷入一种近乎无聊的感觉之"圣洁"中。——也许，他们的感性开始之处，正是艺术家的感性终止之处，所以二者充其量只在一点上相遇。

——《人性的，太人性的》

拒绝饥饿者做客。——对于饥饿者来说，精致的食物丝毫不比粗糙的食物好，二者并无区别，所以，有品位的艺术家是不会有邀请饥饿者与他共餐的念头的。

——《人性的，太人性的》

人们想让艺术做什么。——一个人想用艺术来庆祝他的本性，另一个人想借助艺术来超越和摆脱他的本性。按照这两种需要，便有了艺术和艺术家的二重性质。

——《人性的，太人性的》

面包样的东西。——面包调和和抹平其他食物的味道；所以它属于每一次时间较长的用餐。在一切艺术作品中必须有面包样的东西，它们中各种不同效果借此才能存在。这些效果倘若没有这种暂时的休止，直接彼此衔接，很快就会使人筋疲力尽，产生反感，使得一次时间较长的艺术用餐不再可能。

——《漂泊者及其影子》

感觉的在场。——公众在沉思画的时候成为思想者，在沉思诗的时候成为研究者。在艺术家呼唤公众的那个瞬间，他们所缺乏的始终是真正的感觉，也就是说，不在场的是感觉，而不是思想。

——《漂泊者及其影子》

戏剧感觉。——谁不拥有四种更精致的艺术感觉，谁就试图用最粗糙的第五感觉理解一切：这就是戏剧感觉。

——《漂泊者及其影子》

伟大风格。——当美战胜了怪物之时，伟大风格就诞生了。

——《漂泊者及其影子》

艺术传统。——四分之一的荷马是传统，所有希腊艺术家的情形与此相近，他们没有现代原创性狂热的动机。他们对于传统没有任何恐惧；他们恰恰通过传统而与他们的公众相联系。这就是说，传统是赢得听众理解的艺术手段，是被努力学会的共同语言，艺术家凭借它们才能真正传达自己。尤其是当他像希腊诗人和音乐家那样，想要用他的一部艺术作品立即获胜之时——因为他通常是和一个或两个对手公开竞赛——则他立即被理解就是首要前提了，而这只有依靠传统才是可能的。倘若艺术家技巧熟练而又有胆量，有了超出传统的创造，最好情况下的结果是造就了某一个新传统。原创的东西通常被赞叹，有时甚至被崇拜，但很少被理解；固执地回避传统意味着不想被理解。那么，现代原创性狂热究竟指向何方？

——《漂泊者及其影子》

古典的和浪漫的。——无论古典倾向的心灵还是浪漫倾向的心灵——永远会有这两种类型的——都筹划一种未来的幻景：但前者是出于其时代的强大的，后者是出于其时代的衰弱。

——《漂泊者及其影子》

工作时代的艺术。——我们拥有一个勤劳时代的良心：这不允许我们把最好的时辰和上午献给艺术，哪怕这种艺术是最伟大的和最有价值的。它被我们看作休闲和休息的事情：我们把业余时间和精力献给它。——这是最普遍的事实，艺术对于人生的立场因之改变了：倘若它向艺术的接受者要求他们伟大的时间和精力，它就有勤劳能干者的良心反对它自己，它被指定面向无良心者和懒惰者，可是这些人按其本性不是为伟大艺术准备的，会觉得它的要求是非分的。所以它只好完结，因为它缺乏空气和自由呼吸；或者——伟大艺术试图在一种粗糙化和伪装的方式中，在另一种空气中安家（至少在其中坚持），那种空气原本只对于渺小的艺术，休息和轻松消遣的艺术，才是适宜的因素。

——《漂泊者及其影子》

喘着气的主人公。——感情上受心胸狭窄之苦的诗人和艺术家总是让他们的主人公喘着气：他们不会轻松地呼吸。

——《漂泊者及其影子》

反对语言创新者。——在语言中创新或复古，偏爱冷僻和奇特的词，追求词汇量的丰富而非节制，这始终是不成熟的或腐朽的趣味的标志。一种高贵的贫困，然而在谦逊的财产范围内有一种大师式的自由，使得古希腊演说艺术家高人一筹：他们愿比民众拥有得更少——

因为民众在新老词汇方面都是最富有的——一旦他们要更好地拥有这少量的东西。他们的仿古和新奇之处很快就可以列举出来，可是，我们如果有慧眼，能识别他们处理那些仿佛早被用滥的日常语词的轻松精微的方式，就会惊讶不已了。

——《漂泊者及其影子》

讲究的思想。——一个杰出时代的讲究的风格不但挑选语词，而且挑选思想，——并且两者都选自习以为常的、流行的东西：对于比较成熟的趣味来说，耸人听闻的散发太新气味的思想并不比新奇大胆得离谱的图文少令人反感。后来，两者——讲究的思想和讲究的语词——都发出了平庸的气味，因为讲究之物的气味很快就挥发了，结果是只有日常习见之物的味道还被品尝到。

——《漂泊者及其影子》

今天的音乐。——这种最时髦的音乐，带着它的强大的肺和脆弱的神经，总是首先被自己吓一跳。

——《漂泊者及其影子》

浮夸的风格。——一个艺术家，如果他不是在创作中宣泄他的高涨的情感，从而使自己轻松下来，却要直接传达高涨的情感，那么他就是浮夸的，而他的风格就是浮夸的风格。

——《朝霞》

风格败坏的主要原因。——对于一个事物，想显示比实际上有的更多的感觉，便败坏了语言中和一切艺术中的风格。毋宁说，一切伟大艺术都有着相反的倾向，如同每一个精神上杰出的人，喜欢把感情保持在它的途中，不让它完全跑向终点。这种感情半遮面的羞怯看上去是最美的，例如在索福克勒斯那里；如果感觉本身被表达得比实际上更平淡，它的面貌似乎就更美了。

——《漂泊者及其影子》

关于音乐中演唱的原则。——难道今天的音乐演唱艺术家当真相信，他们艺术的最高信条是尽可能多地给每一个曲子以高浮雕效果，并且不惜一切代价让它说一种戏剧的语言？譬如说，运用到莫扎特身上，这岂非十足是反对精神的罪行，反对莫扎特的乐天、明亮、温柔，轻快的精神，他的严肃是一种善良的严肃，而不是一种可怕的严肃，他的形象并不想从壁上跳下来追捕惊慌逃窜的观众。或者，你们认为，莫扎特的音乐是和"石头客音乐"同义的，不但莫扎特的音乐，而且一切音乐都如此？——可是你们反驳说，较大的效果可以为你们的原则辩护——而你们似乎是对的，只要没有人反问：对谁产生了效果，以及一个高贵的艺术家究竟应该想对谁产生效果！决不是对大众！决不是对不成熟的人！决不是对多愁善感的人！决不是对病人！但尤其是：决不是对麻木不仁的人！

——《漂泊者及其影子》

艺术家。——德国人想靠艺术家达到一种梦想的激情；意大利人想因之摆脱其实际的激情而得休息；法国人想从之获得证明其判断的机会，借机说说话。那么，我们太低贱了吧！

——《朝霞》

4. 悲剧

对悲剧的东西的感受是随感性而增减。

——《善恶的彼岸》

习惯于苦恼的人、探寻苦恼的人，英雄典型的人，都喜欢以悲剧赞扬自己的存在——只有对这些人，悲剧性的诗人才会献上甘醇的酒。

——《偶像的黄昏》

在一些心灵层次上，悲剧本身不再显得是悲剧；若把世界上的痛苦聚集在一起，谁敢肯定见到这些痛苦必然会使人生出同情之心，从而使痛苦增加一倍呢？

——《善恶的彼岸》

攀登至最高山顶的人，会笑那人世间一切如幻似真的悲剧。

——《查拉图斯特拉如是说》

巨大悲剧的锻炼——这种境界，难道你们无法体会吗？这种锻炼将使得人类生存的境界更上一层楼，难道你们不明了？为了强化灵魂而身陷不幸之境遇；为期目击伟大的破灭而引发灵魂的战栗；从种种悲惨的不幸当中，致力于培养转祸为福的勇气，而将自己懦弱的灵魂训练得更具深度、神秘感、虚伪、活力、狡狯与伟大——所有以上的一切，都得在苦难的境遇下，才能训练出如此高贵的灵魂。

——《善恶的彼岸》

真正的大师会懂得如何用一种完美的态度去寻找结局，无论是整体还是局部；他知道：这是一首曲子或一个思想的结尾，那是一幕悲剧或一个故事的第五幕。

——《尼采文集》

　　在悲剧现象中，观众从巨大的、持续的放纵迅速转入巨大的恐惧。但是在终有一死的生灵中，巨大持续的放纵要比恐惧的缘由少得多，所以人间滑稽剧比悲剧多得多，人们的笑比悲痛经常得多。

——《尼采文集》

　　悲剧能够通过悲剧英雄拯救我们于强烈的尘世眷恋，并且亲手指点，提醒我们还有一种彼岸的生存和一种更高的快乐！对此，奋斗的悲剧英雄早有预感，他不是以胜利，而是准备以死亡来接受。

——《尼采文集》

　　我们无法忘记悲剧的伟力，它能够净化、鼓舞、激发一个民族的全部生机……

——《尼采文集》

　　听天由命不是悲剧论，而是对悲剧的误解！渴望虚无乃是对悲剧智慧的否定，它站在智慧的对立面！

——《尼采文集》

　　神话在悲剧中取得了意味深长的内容和最有表现力的形式，像一个受伤的英雄，用全部残余的精力，再次挣扎起来，他垂死时的泰然自若，在他的眼睛里发出最后的强烈的光辉。

——《尼采文集》

悲剧艺术家并非悲观主义者，他甚至肯定一切可疑可怖之物。

——《尼采文集》

悲剧吸收了音乐的最强感染力，直接把音乐带入完美之境。于希腊人如此，于我们亦如是……

——《尼采文集》

音乐在悲剧中达到最高境界时，能够用一种非常深刻的全新的意义来解释神话……

——《尼采文集》

民众对于悲剧除了可以受一番感动，可以痛哭流涕一场外，就没别的希求了。但艺术家在看一幕新悲剧时，感兴趣的是从中发现的是高妙的艺术发明和艺术技巧，以及题材的安排和处理……

——《尼采文集》

最富精神性的人，首先必须是最勇敢的，他在广义上经历了最痛苦的悲剧。

——《尼采文集》

站在高山峰顶的人，笑看着舞台上的一切真假悲剧：毫无顾忌的、轻蔑的、暴虐的，这是智慧的点化。

——《尼采文集》

在悲剧现象中，人从巨大的、持续的放纵迅速转入巨大的恐惧；然而，在终有一死的生灵中，巨大持续的放纵要比恐惧的缘由少得多，所以世界上滑稽比悲剧多得多；人们笑比悲痛经常得多。

——《人性的，太人性的》

艺术家知道，他的作品惟有使人相信是即兴而作、是奇迹般地一挥而就之时，才生出圆满效果；所以，他巧妙地助长这种幻觉，将创作开始时那热烈的不安、盲目抓取的纷乱、留神倾听的梦幻等因素引入艺术，当作欺骗手段，使观者或听者陷入某种心境，相信这完美的作品是一下子蹦出来的。不言而喻，艺术科学断然反对这种幻觉，指出知性的误解和积习，正是由于这些误解和积习，知性中了艺术家的圈套。

——《人性的，太人性的》

悲剧就诉诸如此感受同情的灵魂，诉诸刚强好斗的灵魂，这种灵魂难以制服，无论是以恐惧还是同情，不过同情可使这种灵魂日渐变得柔和。

——《人性的，太人性的》

5. 读者

凡能吸入我著作中气息的人，他就知道，这是高岗上的空气，是使人精神焕发的空气。一个人，必须加以培养以适应这种空气，否则他就会有受寒危险。

——《瞧，这个人》

对我而言，一般的阅读是我用以复原的一种方法。因此，它是构成那些使我逃避自己的东西的一部分；它也是使我漫游于新奇科学和新奇心灵世界的东西的一部分——它是我现在不再关心的东西的一部分。在我埋首于工作时，我的四周是看不到书本的，我小心地不让任何人在我面前说话甚至思考，因为那就等于是在阅读……

自我壁垒是精神饱满最初的一种本能的谨慎。要我容许一种不为我所知的思想爬过墙头——因为都正是阅读所指的意义……

工作和创作时期之后，便是我的复原时期。对我而言，一些人愉快的、聪明的且充满智慧的书籍，便是我藉以复原的东西。

——《瞧，这个人》

我们不是埋首书本并由书本产生思想的人。我们的习惯是在户外思考、散步、跳跃、攀登、舞蹈，最好在阒（qù）寂无人的山间，要么就在海滨。在这些地方，连小径也显出若有所思的情状。至于书籍、人和音乐的价值，我们首先要问："它会走路吗？它会舞蹈吗？"……

我们很少看书，但我们读得并不比别人差——噢，我们能马上看穿一个人的思想是怎样产生的，可以知道他面对墨水瓶，弯腰驼背，伏案写作；噢，我们也很快读完了他的大作；他那被死死揪住的五脏六腑泄露了自己的秘密，我敢打赌！正像他那斗室的空气、天花板和逼仄的空间泄露其秘密一样。这便是我合上一本诚实而渊博的书所产生的感觉，并油然而生感激，且如释重负……

——《快乐的科学》

有一些读书的技巧是有待学习的，而在今天，这些东西已经逐渐为人淡忘了——那便是反刍——所以，如果你们真的想要阅读我的著作，必得要花上一段不算短的时日才行。为此，读者必得像牛反刍一样一再地阅读才行，那种"现代人"式的匆匆瞄过，是不能真正了解书中的真谛的。

——《道德的谱系》

我厌恶那不用心读书的人。

再过一个世纪。这些读者——其精神亦将与草木同朽。

如果允许每一个人都能读书，最后不仅会破坏写作，甚至还会累及思想。

——《查拉图斯特拉如是说》

我们不能超越一切书籍，这难道应怪罪书籍吗？

——《快乐的科学》

凡是阅读当代文章的人都会想起两类作家：一类喜欢说好话，由优美的语言而生废话，这在歌德的散文中并非少见；另一类因为对内心情感的喧嚣和混乱感到称心快意，故而废话连篇，例如卡莱尔。

——《快乐的科学》

当一个人在力量正值充沛且方兴未艾的时候，在自己的生命力正处于黎明之时读书——就不能说他是在读书。

——《瞧，这个人》

必须不断地听取他人的自我——这也就是所谓的读书。

——《瞧，这个人》

在研究文献学时，有一件事是必须要求的——那便是迂回、花时间、沉着、慢慢来。这是一种为现在的人所忽略的技巧。在今天这"繁忙的时代"——亦即"急躁"的时代——对于每件事都得找出"速成"的方法。这真是一个令人汗流浃背的急躁时代……

然而，文献学可不能急于一时。我要你们仔细地读；要慢慢地，深入且前后仔细地阅读、思考，直到豁然明白为止。一定要用手写、用眼睛仔细地读才行……

——《曙光》

最差的读者就像那些战后到处掠夺民家的人。他们从书中选出几项他们所需要的，对于其余的，他们把它丢到一边，撕烂它，并以狠毒的话攻讦整本书。

——《人性的，太人性的》

想从一件作品当中品出极致的美来，光靠所有的知识和意志是不够的，那还需要极为难得的良机——等待云朵从高山绝顶之上移去，然后太阳光照而至。

——《尼采文集》

一本书中不能翻译的东西，既不是其中最好的部分，也不是其中最坏的部分。

——《尼采文集》

诚实的书的价值。——诚实的书使读者诚实，至少在把他的恨和反感引出来的时候是这样，而平时精明是善于把它们隐藏得极好的。人们在面对一本书的时候放任自己，虽然在面对人的时候却非常克制自己。

——《人性的，太人性的》

反对近视者。——因为以片段的形式给你们（并且必须这样给），你们就认为它一定是不完整的作品了？

——《人性的，太人性的》

格言的读者。——格言的最坏读者是其作者的朋友，他们会致力于由一般的含义往回猜测特殊的含义，把格言的来源归结为这特殊的含义。通过这样搬弄家长里短，他们摧毁了作者的全部努力，以至于取代一种哲学的心境和教导，在最好或最坏的情况下，他们现在理所当然只获得了平庸好奇心的满足，此外一无所得。

——《人性的，太人性的》

作者的自相矛盾。——一个读者攻击作者自相矛盾，但这所谓的自相矛盾往往根本不在作者的书中，而在读者的头脑里。

——《人性的，太人性的》

只要同一个主题尚未经过许多大师成百次地处理，公众就不会学得超出题材的兴趣；然而当他们长期从许多版本中认出这个主题，因而不再感到新奇紧张的刺激之时，他们自己终于也会把握和欣赏处理这个主题时的细微差别以及巧妙新颖的创造了。

——《人性的，太人性的》

反对简洁的责备者。——有些简洁的语句可以是大量长久思考的成果和收获，然而，读者若是这个领域里的新手，完全不曾深入思考过，便会把一切简洁的语句看成某种不成熟的东西，对于作者不无责备的表示，怪作者把这样尚未长成和成熟的东西端上餐桌给他吃。

——《人性的，太人性的》

少爱和无爱。——每一本好书都是为一个特定的读者及其类型而写的，正因为此，不会被占大多数的其余读者看好，所以它的名声是立足于一个狭窄的基础的，只能慢慢地建立起来。庸劣之书之所以庸劣，正因为它们想取悦许多人，也取悦了许多人。

——《人性的，太人性的》

难得的节庆。——凝练、安静和成熟——当你在一位作者那里发现了这些特点，你就在那里停下，在沙漠中间欢度一个长长的节庆，因为你很久不会再有这样的好运气了。

——《漂泊者及其影子》

发誓。——我不愿再读那种可察知其要弄出一本书来的作者，只读那种其思想不期然变成一本书的作者。

——《漂泊者及其影子》

六、超人带我们去超越

○我来教你们做超人。人是应该被超越
  的，你是否曾努力去超越人类本身？
                《查拉图斯特拉如是说》

1. 天才

所谓天才——不过是在寻找更高的目标，和前往那里的手段的人。

——《人性的，太人性的》

对那些具有天才的人，如果在他们身上没有这两种东西，就不足取了——那便是"感激"和"纯洁"。

——《善恶的彼岸》

所谓"问题"——当你一个人观察一件事时，你的解决方法却是——基于几百只眼睛，从各种人格中发出对于某些事物的看法。

——《知识时代遗稿》

有些人被认为是"公正的天才"！但我却鄙视他们对于哲学、政治或者艺术的天才所下的肤浅评价。他们打从心底厌恶那种被世人认为是混淆视听的判断或见解，他们否定所有违反自己信念的见解，他们试图对不论生的或已死的事物、现实或只是脑海中的思想、所有别人的思想，做一个肤浅又自以为是的评估。

为此，他们必须对每一件事有一番肤浅的认识。所以这些被誉为"公正的天才"，便以最肤浅的眼光来观察事物最重要的本体，以严格无比的观察力来评审事物的末端小节。对于他们的敌人，更是以盲目、短视的"信念"，来施与无情的批评——这便是他们的真理。

——《人性的，太人性的》

天才——在他的作品和行为中——必须是一个挥霍者，他的伟大就在于他消耗着自己。

——《偶像的黄昏》

我十分心仪苏格拉底，他的言行甚至他的沉默所表现出来的勇气和智慧使我倾慕不已。雅典城里这位语含讥讽的"歹徒"、"蛊惑民心者"能把恃才傲物的青年感动得浑身颤抖、啜泣，成为有史以来谈锋最健的绝顶智者，他即使沉默也现出他的伟大。我真希望他在生命的最后一刻也是保持沉默的，果真如此，他在天才人物队伍里的身价会更高。

——《快乐的科学》

天才的产生是无法用环境的条件来解释的。

——《尼采文集》

一切伟大天才的危险是，窒息了许多较弱的力量和萌芽，似乎把自己的周围弄得荒凉了。一种艺术发展中最幸运的情况是有较多的天才互相制约，因此在竞争中，较柔弱的人往往也能得到一些空气和阳光。

——《尼采文集》

在艺术家中，恰是那种自命不凡、自诩天才的人有时会写出空洞单调的作品。相反，有所依赖的人，所谓的才子，倒是充满对一切美好事物的记忆，即使在才力不足时也能写出一些像样的东西。

——《尼采文集》

正是在我们的时代，作假成为时髦，甚至化身为天才……

——《尼采文集》

哲学家生来就是独行客。苍鹰翱翔天际，独来独往，燕雀只好听其自然……如苍鹰盘旋苍穹，伸爪伺机，这就是伟大天才的命运。

——《尼采文集》

天才与时代的关系，犹如强者和弱者、年老与年轻的关系，即时代总是单薄、未成年、不可靠、稚嫩的。

——《尼采文集》

强者、有实力者考虑的是陶冶别人，他们通常不愿意在自己身边见到异己。

——《尼采文集》

2. 伟人

怎么回事？一个伟大的人？我总是只看到他自己的理想的演员。

——《善恶的彼岸》

伟人无不具备反作用力。由于伟人的缘故，所有的历史都被重新置于天平上衡量，往昔成千上万个秘密从历史的隐匿角落爬了出来，进入伟人的阳光下。

谁也无法预测，历史将来会是什么样子。也许，过去的历史基本上还未被发现哩！所以还需要很多这样的反作用力啊！

——《快乐的科学》

伟大的人物必然是一个怀疑家，他们具有坚强的意志，能自由地不去确认某些既定的信念。若是他们需要某种信念时，他们并不管世人对此信念是肯定或否定，他们只需要那些没有附带条件的信念，且不对证明其真假感兴趣。坚信某种信念的人，往往只是人群中的少数罢了。所以说"伟大的前提"在于"精神的自由"，也就是对于任何事物都采取不信任的态度。

——《权力意志》

假如一个人在内心没有给自己增添巨痛的力量和意志，他如何能成就伟业呢？人能吃苦，这实在微不足道，连柔弱的妇人、乃至奴隶在这方面也有不同凡响的表现。

但是，倘若给自己增添巨痛、听见巨痛的呼号却不被巨痛和不安所毁，这样的人才堪称伟大啊！

——《快乐的科学》

伟人对自己那次等的美德和思虑是残酷无情的。

——《快乐的科学》

所谓伟大，便是指引他一个正确的方向——硕大的河流并非原来就这么伟大，而是中途汇集了多数支流。是以，越往前水量越大，精神上的伟大也和这相仿。最重要的是在于能够让那些支流有归回自己的向心力，而且要让他们不分天赋的聪愚，都能信服于你自己。

——《人性的，太人性的》

所有伟大的东西，总要在远离市场与浮名的地方才会产生。因此，新价值的发明者也多半住在那里。

我的朋友，躲入你的孤独中吧！别与那些小人和可怜虫太过接近。避开他们在暗地里的报复吧！他们一心想要向你报复呢！

千万不要伸手去抵抗他们！他们多得不可胜数，而你并非只是一个蝇拍的角色。

——《查拉图斯特拉如是说》

一个伟大的人往往遭受排挤、压抑，甚至被人斥为哗众取宠而陷于孤独之中。

——《价值变革时代遗稿》

或许很多人都认为：信念是人类一项伟大的特性。事实上，怀疑、超越道德、放弃世人共同信仰的人，才是伟大的！就像荷马、亚里士多德、雷欧纳德、达文西、歌德等人一样。

——《权力意志》

一般而言，古代文明对于"伟大的人"，都是深怀畏惧的。这以中国那句"伟人是世界的祸源"的谚语来表现，最是淋漓尽致。这些伟人往往都生长在逆境中，而且往往都是扭转时代潮流的人！而那些小人在伟人创造时势时，竟异想天开地企图改变它！

——《知识时代遗稿》

德国人的力量越在严酷残忍的环境下越能发挥出来，处在那种情况下，德国人将发挥出令人赞叹的服从力。他们无法想象，利用温和平静的手段也可以发挥无穷的力量，是以，他们会误认为歌德所能发挥出的力量，远大过贝多芬所带给世人的影响力！

——《曙光时代遗稿》

一个民族是本性的迂回，以便走向六七个伟大。——是的，并为了随后围绕他们行走。

——《善恶的彼岸》

对于那些无法对自己诚实的"伟人"，我一点也无法承认他们的伟大。自欺的人，令我感到作呕，无论他们曾作了何种伟大的事业，我给他们的评价还是零分。

——《曙光时代遗稿》

伟大的人和河流一样迂回而行——
迂回而行，为的只是更接近目标。
这也是他们勇气的最大发挥。
他们并不怕迂回路上的危险。

——《酒神颂歌·断章》

往往我们说："凡是属于德国人的东西，就再也不是属于德国人的了。"——民情的不同，并非我们眼睛所能见到的那种文化程度的不同，这种差别只是一个事实的表面罢了。所以，那些自认为是有关"国民性"的理论，或提出"信念改造"的文化工作者，一点也没有约束力。他们应该把现今这种"什么是德国人所有的"，改成研究"现今德国人所需要的是什么"才对——如此，那些"好的"德国人才不致放弃作为德国人的荣誉感，因而乐意发挥德国人的长处。一个民族的天性，在一个民族发奋图强时可以作为民族前进的原动力。但当一个民族处在停滞、萎缩的时期，这些民族天性便会成为那个民族的枷锁，使这个民族永无翻身之日。这个民族将会僵化一如化石，而这些民族天性也就成为这个民族墓碑上的祭文了。今天那些想要使德国人奋发的学者，都以身为德国人为耻，而向"非德国人"化迈进，这便是这个民族的"伟人"特征。

——《人性的，太人性的》

我认为人类所具有的伟大天性，是对命运的热爱，无论未来、过去或永远，都不应奢望改变任何事物。他不但必须忍受一切事物的必然性，并且没有理由去隐瞒它——你必须爱这项真理……

——《瞧，这个人》

像伟大的时代一样，伟人是火药，在他身上聚积着极大的能量；他们产生的必要条件，无论在历史上，还是在心理上一直存在着，在他们来到之前，已经长期积累、聚合、节省、保存着——很长时间没有爆炸。

——《偶像的黄昏》

伟人是必然的，他们出现的时代是偶然的；他们几乎总是成为他们时代的大师，这不仅是因为他们是强者，还因为他们是老者，在他们产生之前，力量已经积蓄了很长时间了。

——《偶像的黄昏》

历史的推论那条伸缩自如的线到了不能再伸开去的时候，行为到了与人类唤作正确的甚至公正的一切东西相矛盾的时候，历史家们制造了一种"伟大"的补救观念。好像是"伟大"排除了是非的标准。

在那个"伟大"的人，没有什么是不对的；一个"伟大"的人不会为了任何残暴行为受责备。

——《偶像的黄昏》

歌德一生都误信了这两项不可争的事实，也因而他能写出独步当代的文学作品，他那超现实的诗，融合了造型和自然之美。歌德超越了当时的风格，他不但是一位职业的作家，更因为他那不愿当一位德国人的心态，写出了德国有史以来惟一的文学作品。

——《人性的，太人性的》

一个伟人不单有他自己的才智，他还有着他的朋友的才智。

——《善恶的彼岸》

"伟人"之所以伟大，是因为他渴求更大的自由空间。

——《尼采文集》

辩护。——朴实无华的风景是为大画家存在的，而奇特罕见的风景是为小画家存在的。也就是说，自然和人类的伟大事物必为其崇拜者中渺小、平庸、虚荣之辈辩护，——而伟人则为质朴的事物辩护。

——《朝霞》

3. 超人

从这个角度去看，我的一生真令人惊讶。为了重新评估各种价值，也许要有超于常人的才能方堪胜任；尤其是那些目前尚未互相矛盾和尚无破坏性对立的才能。保持距离的能力；不至于产生敌对的分隔技术；不掺杂任何东西，亦不调和任何东西；种类繁多却能使其各司其位等——所有的这些乃是我与生俱来的本能，且是我本能长时期秘密的作用和技巧。

——《瞧，这个人》

高高在上的人并不是普通人，他们是一群超人。人类一旦为人所尊崇，他将陷于恐怖的深渊，而不要求什么——除了别人听他的话。

——《权力意志》

超人便是大地的意思。让你们的意志说："超人必定代表大地的意思吧！"

——《查拉图斯特拉如是说》

我来教你们做超人。人是应该被超越的，你是否曾努力去超越人类本身？

——《查拉图斯特拉如是说》

的确，人是一条不洁的河。我们必须成为大海，方能包容一条不洁的河而不致被污染。现在，我告诉你们什么是超人！他就是那大海，能覆盖你们一切的轻蔑与鄙视。

——《查拉图斯特拉如是说》

恐惧伟大的超人是世人的通病，也是世人之所以为普通人的理由。

——《权力意志》

众因的神经丛复归了，我被织入其中，——它将再次创造我？我属于永恒复归之众因。

我随着太阳、大地、鹰兀和毒蛇再度而来——不是追求新的生活、更好的生活或类似的生活：

——我重来是为了永恒同一的生活，在其最宏大与最微小的方面再次教导众物的永恒复归；

——再次吟咏大地与人的全盛期之词，重新向人类宣布超人的来临。

——《查拉图斯特拉如是说》

我不是普通人，我是一颗炸弹。

——《瞧，这个人》

我认识那些前人从未想过的神圣任务，由于我的存在而让人类重燃生命的火焰。

——《瞧，这个人》

瞧瞧这个人。

当然啦！我知道，我从那儿来。

就跟火焰一样，我从来就不感到厌倦。

我不断地燃烧，终于把自己燃烧殆尽。

我所捕捉的东西，悉数都变成了光；

我所放出去的东西，悉数都变成了炭末。

因为，我是火焰呀！

对个人而言，发狂的现象很少见。不过，对集团、党派、民族以及一个时代来说，那是很普遍的一种现象。

——《善恶的彼岸》

自从厌倦于追寻，

我已学会一觅即中；

自从一股逆风袭来，

我已能抗御八面来风，驾舟而行。

——《快乐的科学》

现在我告诉你们什么是超人：他就是那闪电、那疯狂！

——《查拉图斯特拉如是说》

我要教给人类存在的意义——那就是超人，亦即自乌云（人类）中迸射出来的雷电。

——《查拉图斯特拉如是说》

看啊，我是一个雷电之预言者、一颗自云中降下的沉重雨点，然而，这雷电便是超人。

——《查拉图斯特拉如是说》

人类是一条系在动物与超人之间的绳索——一条高悬于深渊的绳索。

——《查拉图斯特拉如是说》

我成为本世纪中最优秀、最出色的哲学家不是没有可能，甚至还会超过过往两千年中那些具有决定性和致命性的事物。

——《尼采文集》

我要加入劳动者中，加入那些收获和庆祝丰收的人群中去，我将为他们指出彩虹与超人之梯。

——《尼采文集》

超人就是大海，它可以淹没你们的一切轻蔑。

——《尼采文集》

你们只不过是桥梁，更高的人经由你们到达彼岸。你们如梯子一样站着，别怨怒那登在你们之上而达到了他自己高度的人！

——《尼采文集》

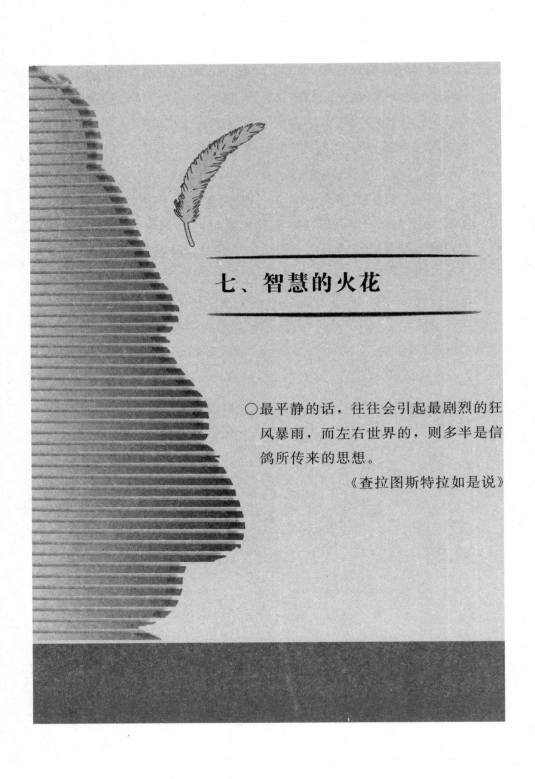

七、智慧的火花

○最平静的话，往往会引起最剧烈的狂
风暴雨，而左右世界的，则多半是信
鸽所传来的思想。

《查拉图斯特拉如是说》

1. 智慧

看呵！有如集蜜太多的蜂儿，我已厌倦自己的智慧，我需要领取这智慧的众手。

我乐于奉献与布施我的智慧，直到智者再度因自己的疯狂而喜悦，贫者再度因自己的财富而快乐。

——《查拉图斯特拉如是说》

这个孤独的隐士如此度过了许多年月，而他的智慧也同时在不断地增长，并因之使他万分痛苦。

——《查拉图斯特拉如是说》

是的，我的朋友，你们也会为我的狂野智慧所惊骇，或许你们会和我的敌人一起逃避它。

呵，但愿我知道如何用牧笛招引你们回来！呵，但愿我那如狮子般的智慧会学习如何柔和地轻吼！我们在一起互相学习了许多的东西！

我那狂野的智慧曾在孤寂的山上孕育了一段时间，结果在嶙峋岩石中产出其最幼小的婴孩。

现在它疯狂地在荒漠中四处奔驰，想要找寻有水草的绿地——我那老迈而狂野的智慧！

——《查拉图斯特拉如是说》

你们是否从来没有见过一只满帆的小船，在狂风大浪中横渡海洋？

一如帆船被精神的风浪所震荡，我的智慧也颠簸地航越海上——我的野性的智慧！

——《查拉图斯特拉如是说》

当他们自以为聪明时所说的那些简短的格言和真理使我非常失望。在他们的智慧中往往有着很浓厚的沼泽味，真的，我已听到那里面的蛙鸣声了。

——《查拉图斯特拉如是说》

这是我的第二项世俗的智慧：我忍受虚荣者甚于高傲者。

——《查拉图斯特拉如是说》

这是我的第三项世俗的智慧：我不因你们的胆怯而对恶人感到厌烦。

——《查拉图斯特拉如是说》

而我也要装扮一番，然后杂坐在你们当中——这样我便分不出是你们或自己——这就是我的最后一项世俗的智慧。

——《查拉图斯特拉如是说》

哈姆雷特——深深地看到事物的真正本质。他觉悟，却不愿采取行动。因为他知道，他的任何行动，都不能对事物的永恒状况带来任何改变。同时，如果你说他应当把纷乱的状态恢复正常，他会把这种责难看成滑稽、可笑，或贬低这种责难的价值。了悟扼杀了活动！因为要行动，就需要一种幻象的帐幕——这便是哈姆雷特的智慧。

——《悲剧的诞生》

痛苦中的智慧——在痛苦中，不仅有喜悦，同时还有智慧的存在。它和前者一样，都是人类最佳的自卫本能。若非如此，痛苦早就被去除了。没有人不认为它是有害的，因为那正是它的本质。

——《快乐的科学》

一个人如何成为他现在的情况——要承认一个人成为他现在的情况的这个事实，必须先假定他此刻的情形并没有掺杂任何一丝怀疑。从这个观点来看，一个人生命中所产生的差错也有其独特的价值。换言之，纵使一生中有暂时的离失和偏误，纵使心神浪费在那些远离中心目标的犹豫、懦弱和虚伪的"谦逊"上，也都有其独一无二的意义和价值在里面。在那些错误里，极可能产生伟大的智慧，甚至最高智慧。

——《瞧，这个人》

我敞开怀抱来接纳这智慧的民众，也愿意向他们馈赠以我的智慧，直到聪明的人再度因自己的疯狂而愉悦，贫穷的人再度因自己的财富而狂喜。

——《尼采文集》

对小物件竖起尖刺，我认为那只是刺猬的智慧。

——《尼采文集》

每个思想和形式都是通往最高智慧之路上的一个里程碑。

——《尼采文集》

2. 思想

对于一般人而言，思想家是没有需要的，他们只需要自己就够了。

——《人性的，太人性的》

那些埋首于堆积如山的书籍中，无所作为的学者，最后终会完全失去为自己而思想的能力。如果没有书本在他的手上，他就根本不能思想。

——《快乐的科学》

当学者思想的时候，对他而言，那也是一种刺激的反应——有思想的读。而最后，他所做的一切，却都将只是一种无意义的反应。学者把他一切的能力都放在肯定、否定或批判那些早已被人写出来的东西上——而他自己却不再思想……

——《快乐的科学》

凡是阅读柏拉图著作时体验到苏格拉底全部处理方式的非常直接性和可靠性的人，一定会感到苏格拉底逻辑思想的巨大转动轮子，似乎这个轮子就在苏格拉底背后转动，而我们透过苏格拉底看到这个轮子就像透过影子一样。

——《悲剧的诞生》

噢！许多伟大的思想就和风箱没有两样——当其鼓胀时，心里却更空虚。

——《查拉图斯特拉如是说》

思想家在感受他的思想所产生的影响时，在感受他的思想改变和震撼人心的威力时，这感受方式几乎是滑稽的，其中还有所顾虑：怕受其影响的人内心受到伤害，怕他们会用各种不当的手段来表达其独立自主的精神受到威胁。要形成一种有礼貌的感激习俗，需要整整一代人的努力，然后，思想和天才一类东西进入感激情愫中的那个时刻才会到来。届时，会出现一个接受感恩的伟人，他不仅因为自己做了好事而受感戴，更主要因为他的先辈们日久天长累积下那个至高至善的"宝物"而受感戴。

——《快乐的科学》

我们是否能满足于现有的自己，并非今天所要追求的主题。而我们为了什么事感到自满，却是生存于世的重点所在。

当我们在某一瞬间脱口说出"善哉"时，我们并非只是对自己，而是对所有的事物都感到"满意"。不论是我们或任何的事物，都不可能是单独存在的。

一旦有一天，我们对于能唤醒灵魂的思想感到满意而共鸣，并脱口说出"好"时——在这一瞬间，我们将因而得救。如果我们能够永远地感到"满意"，那和圣者又有何不同呢？

——《权力意志》

最平静的话，往往会引起最剧烈的狂风暴雨，而左右世界的，则多半是信鸽所传来的思想。

——《查拉图斯特拉如是说》

思想家的迂回之路——整个思想之路是严苛的，绝没有宽容的感情。不但是这样，一些平日严以待己的人，在这时候也不得不在各处忍辱，以求能够平稳地前进。他们在同一个问题上，好意地踌躇不前，并犹豫地徘徊十次以上。但是，他们仍得继续踏上那充满危机的路。那是一弯曲折、暗流潜伏的潮水。中途，他会设法隐藏自己而游山玩水一番，在岛上或充满树木的洞窟或瀑布下，作一首田园诗以解闷。而潮流却依旧无情地继续前行，冲破岩壁，连最硬的岩壁也奈何不了它的前进。

——《曙光》

总之，卑琐无益的思想是最坏不过的。说真的，即使做坏事也比只会一味胡思乱想好得多！

——《查拉图斯特拉如是说》

我的思想常常因为高烧过度而使我呼吸困难，故而我必须走出所有灰尘四扬的房间而到空气流通的户外。

——《查拉图斯特拉如是说》

想跟世间舆论同一思想的人，等于蒙蔽自己的眼睛，塞住自己的耳朵。

——《不合时宜的考查》

为了拥有正确的思想，热情和热衷是必要的。如此才能正确地观察每一件事物。而你们却在别人不同的思想中挣扎，甚至迷失了自己！

——《曙光》

迷失自己——当你发现自己的时候，也就是迷失自己之时——这只是对那些思想家而言。换句话说，一个思想家如果一生只有一个自己，那就未免太可怜了。

——《人性的，太人性的》

啊！用你炽热的枪矛，

融解我内心四周的寒冰，使它不再颤抖——

操纵你的行为的，便是思想啊！

不管你怎么称呼它；

即使它隐藏在黑暗的角落，也是极可怕的东西！

——《亚利安德列的叹息》

最平静的言语往往是狂飙的先声；静悄悄而来的思想领导了这个世界。

——《瞧，那个人》

人类习惯聆听，而非到处打探；人类惯于接受，而不去问谁要给予。就如闪电一般，在毫无踌躇之下，脑际闪出了一种思想。

——《查拉图斯特拉如是说》

一个人为他的思想寻找一个助产医士，另一个人寻找他对之能够进行帮助的人，这样，就产生出一次很好的谈话。

——《善恶的彼岸》

思想是我们情感的影子，思想总比情感暧昧、空幻、简单。

——《快乐的科学》

当我们走在路上，在旅途中，或在处理各种事务的场合，我们匆忙地思想，甚至在处理最重要的事务时也想。我们企望一点休息准备的时间，甚至一个小小的宁静。

——《快乐的科学》

这种情形只有当一个人在某些场合要思想时他才会知觉到——那也许是例外——现在他想要变得更加聪明，并且将他的心志聚集在一个思想中。

——《快乐的科学》

你们，我写下和画出的思想，只是为了这些思想，我才拥有颜料，许多种颜料，或许是许多各式各样的颜料，五十种黄色颜料、棕色颜料、绿色颜料和红色颜料。

——《快乐的科学》

起来吧，我的睿智的思想，快从深处起来吧，你这睡了很久的虫子，我是你的雄鸡和晨光，起来呀，起来！我的声音不久必能将你唤醒。

——《尼采文集》

我们说一个人是思想家，那是因为他比一般人更能简单扼要地掌握事物。

——《尼采文集》

我们不属于那种单靠从书本中吸取知识来建立思想的人，相反，我们比较喜欢在户外清理自己的思想，散步、跳跃，或爬上空寂的山上手舞足蹈；要不然我们就坐在海边沉思，那一刻，便连野外的小径也显得若有所思。

——《尼采文集》

思想是我们心灵的镜像，常常显出暧昧、空虚和单纯的样子。

——《尼采文集》

思想家对自己鼓掌，不需要旁观者的赞赏和喝彩。这便是思想家的信心。

——《尼采文集》

多数思想家在著述时并不完美，因为他们不是向我们传达他们的思想，而是传达思想的思想。

——《尼采文集》

真正的思想家永远使人欢欣鼓舞，不管他所表达的是他的严肃还是他的玩笑，是他的人性的洞见还是他的神样的宽容；没有阴郁的表情，颤抖的双手，噙泪的眼睛，而是明确而单纯，勇敢而有力，也许带一些强硬的骑士风度，但始终是作为一个胜利者。

——《作为教育家的叔本华》

有的人成不了思想家，只是因为他的记忆力太好了。

——《人性的，太人性的》

冷淡的书。——好思想家指望那样的读者，他们能对存在于好思想中的幸福产生同感，因而，一本看上去冷淡清醒的书，经由适宜的眼睛观看，就仿佛有精神喜悦的阳光在四周嬉戏，宛如一种适宜的心灵慰藉。

——《人性的，太人性的》

钥匙。——一种思想，杰出人物赋予了重大价值，为此遭到了平庸之辈的挖苦嘲笑，它对于前者是打开隐秘宝库的钥匙，对于后者却只是一块废铁。

——《人性的，太人性的》

不要太近。——如果好的思想连续不断地来得太快，这对于它们来说是一个缺点；它们互相阻挡了视线。——所以，最伟大的艺术家和作家大量使用了平常的思想。

——《人性的，太人性的》

诗人预先显示了思想家在发现一个重要思想时的快乐，因而使我们渴慕不已，去捕捉这个思想；然而它从我们头顶上翩翩飞过，展现最绚丽的蝶翅——它终于从我们身边逃走了。

——《人性的，太人性的》

诗人用韵律之车隆重地运来他的思想，通常是因为这思想不会步行。

——《人性的，太人性的》

每一深刻的思想家较为害怕的是被人理解，而不是被误解，后者或许会伤害他的虚荣心；但前者会伤害他的心灵，他的同情心，他的心灵总是说："哦，你怎么也和我受过同样的苦?"

——《善恶的彼岸》

　　最伟大的事件和思想——不过，最伟大的思想就是最伟大的事件——需要最长的时间才能被理解。而与其同时代的那几代人，不会经历这样的事件——他们活不过这些事件。这里发生的事情，类似于恒星领域发生的事情。最遥远的星星发出的光，到达人类所需的时间也最长；在它尚未到达时，人类否认——遥远的天际有星星。"一种思想需要多少世纪才能被理解?"这也是一种标准，同时也得对此进行等级划分和制定规则，这对于思想和星星来说都是必要的。

——《善恶的彼岸》

3. 意志

　　哪里缺乏意志，哪里就急不可待地需要信仰。意志作为命令的情感，是自主和力量的最重要标志，这就是说，一个人越是不知道如何下命令，他就越是急不可待地渴望一个下命令的人，一个严令的人。

——《信徒与信仰需要》

　　当决定一旦被作出，即使对最好的反论证也听而不闻：强大性格的标志。因此，追求愚蠢之一个偶然的意志。

——《善恶的彼岸》

　　对内心冲动加以克服的那种意志，最终却只是另一个或其他许多的内心冲动的意志。

——《善恶的彼岸》

你们所能体验到的最伟大事情是什么呢？那便是非凡的轻蔑。是时，你们甚至会对自己的幸福感到厌恶，而理智与道德亦然！

——《查拉图斯特拉如是说》

我要教给人类一个新的意志：去择取人类曾经无意中走过的那条路径并加以证实与肯定——而不要再像病人与将死者一样，悄悄地离它而去！

——《查拉图斯特拉如是说》

每个民族都有其卓越的记录。看！那是它们的辉煌战绩；看！那是它们"权力意志"的呼声。

——《查拉图斯特拉如是说》

然而，我那强烈的创造意志，却迫使我再回到人群中去，一如铁锤之被迫击打石块。

——《查拉图斯特拉如是说》

然则，我的创造意志和命运要我如此。或者说得坦白些，这个命运便是我的意志所期望的。

——《查拉图斯特拉如是说》

著名的智者啊，你们会为民众的敬意辩护——你们称其为"真理的意志"。

——《查拉图斯特拉如是说》

所有感情都被囚禁在我心中而备尝痛苦的滋味，然而我的意志却是我的解放者和慰藉者。

　　意志解放一切——这是意志和解放的真义。查拉图斯特拉便是如此启示你们的。

　　不再决定意志；不再评估价值；不再创造！噢，但愿我永远精力充沛、神采飞扬！

　　在追求之中，我只感受到一种意志的创生与开展的喜悦，而如果说我的知识还有几分纯真的话，那是由于其中尚保持着创生的意志之缘故。

　　　　　　　　　　　　　　　——《查拉图斯特拉如是说》

　　我的老意志以我的双脚走它的路，它原来就是冷酷而坚强的。

　　我只有脚跟是刀枪不入的。你这最有耐心的意志一直在那里，并且始终保持着自己的本来面目！你已经打破一切坟墓的枷锁！

　　　　　　　　　　　　　　　——《查拉图斯特拉如是说》

　　你们这些大智者的善恶之终点和危险并不在这河，而是在你们的意志，也即那权力意志——用之不竭的创造性之生命意志。

　　　　　　　　　　　　　　　——《查拉图斯特拉如是说》

　　你们将自己的意志与价值放在变化无常的河口。民众认为是善或恶的一切都向我显示出一个老的"权力意志"。

　　　　　　　　　　　　　　　——《查拉图斯特拉如是说》

　　你们这些大智者认为推动自己并使自己燃烧发光的是"追求真理

的意志"吗？

我却认为你们所谓的意志乃是可理解之一切的意志！

——《查拉图斯特拉如是说》

凡是有牺牲、服务，以及爱之观照的地方，就会有要做主人的意志。弱者经由小径潜入强者的堡垒中心而窃走了他的权力。

——《查拉图斯特拉如是说》

弱者应当服从强者——故而弱者的意志乃说服自己要成为更弱者的主人。这是他不愿让出的惟一喜悦。

——《查拉图斯特拉如是说》

弱者屈服于强者，好使自己能获得主宰更弱者的喜悦；而同样地，即使最强者也得屈服于自己，并为取得权力而拿生命当赌注。

冒生命的危险和作死亡的孤注一掷乃是最强者的屈服表现。

——《查拉图斯特拉如是说》

生命会亲口向我说出这个秘密。"注意，"它说，"我就是那个必须不断超越自己的东西。"

不错，你们称此为创造的意志，或者是追求目标，与更高、更远、更复杂之一切的动机。总之，这些都是同一件事、同一个秘密。

——《查拉图斯特拉如是说》

无论我创造什么，而我又多么喜爱它——我很快就会与它以及我的爱对立。我的意志要我这样。

——《查拉图斯特拉如是说》

即使是你这个追求者，也只不过是我的意志之小径与寸步而已。真的。连我的"权力意志"也紧跟在你的"求真意志"的后面！

——《查拉图斯特拉如是说》

只要有生命的地方，就有意志，而这并不是求生的意志——我告诉你——是"权力意志"！

——《查拉图斯特拉如是说》

谁要是执着于"存在的意志"此一信条，那他当然是找不到真理——因为那种意志并不存在！

——《查拉图斯特拉如是说》

生物视许多东西为高于生命者，而"权力意志"便是经由这种认知作用而产生的！

——《查拉图斯特拉如是说》

我必须成为奋斗、变化、目的，与冲突——啊，谁要是猜中了我的意志，那一定也能猜出它所必然经过的崎岖道路！

——《查拉图斯特拉如是说》

凡是不存在的便没有意志可言，而既已存在的则如何还能追求自己的存在呢！

——《查拉图斯特拉如是说》

我的意志缠住人类不放，我将自己和人类紧紧锁在一起，因为我是被引向超人的，所以我的另一个意志要往那里去。

——《查拉图斯特拉如是说》

在荷马笔下，人的"意志"是如此热烈地希望留在这个世界上；他是如此地与存在打成一片，因而即使是他的悲叹，也将变成一首赞美的诗歌。

——《悲剧的诞生》

他是一个贫穷者，并非因为他失去了一切，而是因为他舍弃了一切。不需要挂念什么，他已习惯于寻找新的事物。那些缺乏自由意志的人才是真正贫穷的人。

——《尼采文集》

我还没有发现令人气馁的理由。心中拥有强大意志的人，同时必定是心胸开阔之人。

——《尼采文集》

有着狮子般的意志的人，就是欢乐者。

——《尼采文集》

意志无法改变过去，不能打败时间与时间的希望，就是它最深层的痛苦。

——《尼采文集》

自古以来，爱与死如影随形。你有求爱之意志，那便预备死吧。

——《尼采文集》

4. 告诫

凡是追求盛名的人，应当适时舍弃那些虚浮的荣耀，而表现出难得的艺术——及时而退。

——《查拉图斯特拉如是说》

兄弟们，我祈求你们务必要忠实于大地，而不要轻信那些夸言超越大地希望的人！不论他们是有心或者无意，总之皆是有害的。

——《查拉图斯特拉如是说》

我们每一个人都应超越自我，我们都被很多属于未来的枷锁给限制住。

——《权力意志》

将你的爱和创造力都带到你的孤独中去吧，我的兄弟，公道自会慢吞吞地跟在你的后面。

将我的泪水带到你的孤独中去吧，我的兄弟，我深爱你那个为了想超越自己而牺牲的人。

——《查拉图斯特拉如是说》

人必须学会尊敬，就像必须学会轻蔑一样。凡是走上新的生活轨道并把许多人带上新的生活轨道的人，无不惊异地发现，这些被带上新轨道的人在表达感激之情的时候是多么的笨拙和贫乏，更有甚者，连单单把这谢意表达出来的能力也不常有。每当他们说话，便似骨鲠在喉，嗯嗯啊啊一番就复归平静了。

——《快乐的科学》

忠告作为谜。——"如果桎梏没有挣断。——你必须首先咬紧它。"

——《善恶的彼岸》

在人类中间不愿死于焦渴的人必须学习着饮下一切的酒杯；那在人们中间要保持清洁的人必须知道怎样在污水中洗濯了自己。

——《查拉图斯特拉如是说》

一切人间的幸福，朋友，都得自斗争！

——《赫拉克利特主义》

兄弟们，你们愿窒息在他们那熏人的胃气之中吗？最好还是破窗而逃吧！

千万不要靠近那恶臭！还是远离那些多余之人的偶像崇拜吧！

千万不要靠近那恶臭！还是远离这些人属牺牲的乌烟瘴气吧！

——《查拉图斯特拉如是说》

兄弟们，让你们的精神与道德奉献给大地的意义——让一切的价值由你们来重新评定吧！故而你们要做斗士！故而你们要做创造者！

——《查拉图斯特拉如是说》

兄弟们，用你的道德力量使大地不受虚伪的污染！让你的施与之爱和知识都灌注到大地的意义中吧！我如是祈求你们。

千万不要让你们的道德飞离大地的一切，而以其双翼拍击着永恒之城墙！呵，总是有许多浮躁不安的道德！

如同我一样地引导那因浮躁而迷失的道德返回大地吧——是的，还给肉体与生命，这样它才能赋予大地意义，一个人类的意义！

——《查拉图斯特拉如是说》

呵，兄弟们！我们对每个人了解得太少了！固然有许多人之于我们是透明的，但是我们仍旧决不可能洞悉他们！

——《查拉图斯特拉如是说》

邻人与同伴啊，我希望你们能装扮得像那些善良者与正直者一样地体面、自得而可敬。

——《查拉图斯特拉如是说》

不要让柔弱的心灵做我们的最后一道菜！

——《在沙漠的女儿们中间》

现在你们必得鼓起你们的勇气，去相信你们自己的内脏！凡是不相信自己的人，必是那虚伪的人。

——《查拉图斯特拉如是说》

如果一个人还只是一个学者，那么，他很需要找一位教师。你们为什么不牵曳我的花冠呢？

你们尊崇我，万一你们的尊崇有一天消失了，那将怎么办呢？留心！免得让雕像压扁你们！

——《瞧，这个人》

　　不想沦为芸芸众生的人只需做一件事，便是对自己不再懒散，他应听从他的良知的呼唤："成为你自己！你现在所做、所想、所追求的一切，都不是你自己。"

——《作为教育家的叔本华》

八、相对论的比较

○其实，善与恶都是由人类自己造成的，善恶既非得之于外界，也不是找到的，更不是从天而降的。

《查拉图斯特拉如是说》

1. 美与丑

美之于英雄正是最难能可贵的事。一切狂热的意志都无法获得美。

——《查拉图斯特拉如是说》

增一分或减一分在这里都算是太过，因为美在这里正属圆满之极。

——《查拉图斯特拉如是说》

我今天遇见一个卓越不凡而严肃的人，他同时也是一个精神的忏悔者。啊，我的内心却在如何地嘲笑他的丑陋！

他有着高挺的胸部，静静地站在那里，仿佛在作深呼吸似的，这个卓越不凡的人！

衬饰他那丑陋之真理的是他的战利品和许多破旧的华服，在他身上还有许多的刺——我却看不到玫瑰。

——《查拉图斯特拉如是说》

所有美好的东西，都多少有点懒散的特质，好比一头母牛躺在牧场中一样。

——《人性的，太人性的》

最丑恶的东西——对那些云游过四方的人而言，他们未曾见过比"人"更丑恶的东西了！

——《人性的，太人性的》

我要创造所有美好的东西！除此之外，我别无感谢的方法。惟有这种方法，才能表达我对美好事物的钟爱。

——《瓦格纳事件》

我希望能唤回人类所拥有过一切至美的崇高事物。不论其是现实的事物或架空的幻想，这些都是人类昔日曾有过，人类所创造。我希望他们都回到我的身边，这些人类曾有过最完美的事物。

——《权力意志》

没有什么是美的，只有人是美的：这一简单的真理是全部美学建立的基础，是美学的第一真理。

——《偶像的黄昏》

美也有美的难处，我们明白这一点。那么，美又做什么用呢？为什么不要伟大、崇高、宏伟、激动人心的东西……成为宏伟是比成为美更容易的……

——《尼采文集》

在我们现代，一座建筑物的美是什么呢？它就像一个没有灵性的女人的漂亮脸蛋一样，乃是涂脂抹粉卖弄风情而已。

——《尼采文集》

他们不明白，就算是最丑的现实知识也是美丽的；他们也不明白，一个广见多闻的人，对于现实的伟大整体的揭示往往使他深感幸福，他不会感觉到这个整体就是丑陋的。

——《尼采文集》

是呀，高尚的人哪，有一天你终会美丽起来，并且拿着镜子照见自己的美。

——《尼采文集》

最高贵的美是这样一种美，它并非一下子把人吸引住，不作暴烈的醉人的进攻（这种美容易引起反感），相反，它是那种逐渐渗透的美，人几乎不知不觉把它带走，一度在梦中与它重逢，可是在它悄悄久留我们心中之后，它就完全占有了我们，使我们的眼睛饱含泪水，使我们的心灵充满憧憬。

——《人性的，太人性的》

在观照美时我们渴望什么？渴望自己也成为美的：我们以为必定有许多幸福与此相联。——但这是一种误会。

——《人性的，太人性的》

美是为少数人的。——历史和经验告诉我们，与艺术中的美及其崇拜相比，那种神秘地刺激起幻想并将之置于现实和日常生活之上的重大可怖性更为古老，生长得也更为茂盛，而当美的意识黯淡下去之时，它就立刻重新蓬勃萌发起来。对于绝大多数人来说，这似乎是一种比美更高的需要，原因则是它含有更强烈的麻醉剂。

——《人性的，太人性的》

如果说美就是令人愉悦的东西——缪斯们曾经这样唱道——那么，有用的东西便时常是必要的迂回求美之路，能够理直气壮地驳斥那些性急之人的近视的责备，他们不肯等待，想不走迂回之路就得到一切好东西。

——《人性的，太人性的》

太美的和人性的。——"对于你这可怜的凡人来说，自然是太美了！"——我们时常有这样的感觉。可是，有几次，在细心观察一切人性的东西，观察其丰盈、力量、细腻、纠缠的时候，我会有一种心情，我好像必须极为谦恭地说："对于观察者来说，人也是太美了！"而且不只是有道德的人，而是每一个人。

——《人性的，太人性的》

相反，许多更好更高贵的人，由于美的心灵之无能和缺乏，虽然有他们的全部好意愿和好作用，样子却始终讨厌而丑陋；他们的坏趣味给德行穿上了恶心的服装，因而令人反感，甚至损害了德行本身。

——《人性的，太人性的》

美和丑的前提极其丰富地积聚在本能之中。

——《偶像的黄昏》

界限与美。——你在寻找有优美教养的人吗？那你就应当像在寻找优美景物时一样，满足于有限的眼光和视野。——无疑也有全面的人，他们必定像全面的景物一样富有教益，令人惊奇，但是不美。

——《朝霞》

2. 善与恶

一旦你们的灵魂伟大起来，就会变得十分高傲。我知道，在你们的高尚气质之中还不免有恶的存在。

——《查拉图斯特拉如是说》

"什么是善？"你们问。勇敢就是善。而让小女孩说："美丽而动人的才是善。"

——《查拉图斯特拉如是说》

许多此一民族认为善的事物，往往遭到其他民族的轻蔑——这是我发现的。许多我发现在此被称为恶的，在别处却披着荣耀的紫袍。

——《查拉图斯特拉如是说》

查拉图斯特拉曾到过许多地方，看过不少民族，因此他悟出许多民族的善与恶。同时查拉图斯特拉也发现到世界上并没有比善与恶更伟大的权力。

——《查拉图斯特拉如是说》

在他们认为，凡得之不易者皆值得赞颂，而必不可少的磨难便是善。那稀有难得而能减轻最大痛苦的一切——他们便美其名为神圣。

——《查拉图斯特拉如是说》

充满爱心者与创造者——总是他们在创造善恶。爱火与怒火乃假一切道德之名而燃烧。

——《查拉图斯特拉如是说》

查拉图斯特拉曾到过许多地方，见过不少民族。他发现世界上并没有比充满爱心者所创造的东西——他们称这些东西为"善"与"恶"——更伟大的权力。

——《查拉图斯特拉如是说》

所有善恶的称谓都不外是一些譬喻罢了，它们只暗示而不能说明什么。也惟有傻子才会在这些称谓中找寻知识!

——《查拉图斯特拉如是说》

我们的生活的伟大的时期是这样的时期,即我们获得勇气把我们的恶重新命名为我们的最好的东西。

——《查拉图斯特拉如是说》

不错,你们说:"些许小恶的妄想之乐可以使我们免于铸成许多大恶的行为。"但是我们不应希冀逃避这些大恶。

——《查拉图斯特拉如是说》

真的,我告诉你们:永恒的善与恶并不存在!它们必然得依其本性而不断地超越自己。

——《查拉图斯特拉如是说》

你们这些价值之评估者利用自己的价值和善恶的信条来行使你们的权力,而那就是你们深藏不露的爱,以及你们内心的闪烁、颤抖和充溢。

——《查拉图斯特拉如是说》

因此,最大的恶乃包含在最大的善之中,而这就是创造性的善。

——《查拉图斯特拉如是说》

这种自得其乐便用其善与恶的言辞来保护自己,一如用圣洁的手套来保护双手一般,同时以幸福之名祛除所有可轻蔑的一切。

它也祛除了所有懦弱的一切,它说:"恶——即是懦弱!"它认为,那些时常想望、叹息、抱怨，以及爱贪小便宜者都是鄙贱而不足齿的。

它也轻蔑所有苦乐参半的智慧。真的，也有在黑暗中绽放的智慧，那夜之影的智慧时常叹息道："一切皆空！"

——《查拉图斯特拉如是说》

恶——它如是称呼所有精神破灭与奴颜婢膝的一切——勉强眨个不停的眼、沉重压迫的心和矫情柔媚的风度，都以懦弱的厚唇献吻。

——《查拉图斯特拉如是说》

当我们几乎还在襁褓中时，就已被赋予许多沉重的名词和价值："善"与"恶"——它自称为天赋。就是由于这些名词和价值之故，我们的生存才得被宽容。

——《查拉图斯特拉如是说》

从未拥有各种不同信念的人，会被最初遇到的信念缠得无法分身。他们对于任何事物，心中只抱持一个自以为不变的真理——他们便是当今文化界的代表者。

这些人是顽固、不明事理、自以为是、无法开启思潮、永远被列为诽谤者的一群人。他们是为了让别人认同他的看法，不惜使出任何手段，目无法纪的一群人。正因为他们，世人才无法明了真正的是非善恶。

——《人性的，太人性的》

那么，最"邪恶"的人又是谁呢？他们不外是高贵的人、有势力的人以及支配众人者。一方面，他们基于做人的方式、习惯、尊敬、感谢等美德，又加上彼此的监视、同伴之间的嫉妒，受到严格的拘束，但是另一方面，在对付自己内部同志的态度方面，又尽量地表示——体贴、自制、温情、诚实、矜持以及友情。

——《偶像的黄昏》

一个时代感觉为恶的那种东西通常是从前被感觉为善的东西的不合时宜的反响，——一个较古老的理想的返祖现象。

——《善恶的彼岸》

战争——那些反对战争的人，是在愚弄胜利者，且阴险地对待战败者。而那些拥护战争的人，是企图把两者丑化得更野蛮，并让他们归返于自然。事实上，战争对文化而言，是一个睡眠期。犹如文化冬眠的时刻，它能让人类的行为更美善或更可恶。

——《人性的，太人性的》

有一种好意的傲慢，这傲慢显得像恶意。

——《善恶的彼岸》

现在有一个在基本上就犯了错误的道德理论，它十分著名，尤其是在英国，根据这个道德理论，"善"与"恶"的判断是以它"得当"与否的经验累积为凭借，所谓"善"就是能保护人类的，所谓"恶"就是不利于人类的。但事实上，"恶"的刺激所带给人类的相当程度的适当而且不可缺少的保存维护上，其影响是与"善"一样的——只是它们的作用不一样罢了。

——《快乐的科学》

谁认识到恶行同快乐有关，就像身后有一个放荡的青年人一样，他会想象德行同不快有关。反过来讲，谁受到自己激情和恶习的种种折磨，他就渴望在德行中求取心灵的宁静与幸福。因此，很可能两个有德行的人相互间完全不理解。

——《快乐的科学》

善与爱作为人与人之间交往中最能治病的草药和力量，是如此珍贵的发明，以至于人们会希望，这些镇痛剂会尽可能经济地得到运用，但这是不可能的。善的经济学是最大胆的乌托邦主义者之梦。

——《快乐的科学》

一个人的美德之所以被称为"善"，并不是因为那德行对他本身有什么好处，而是因为那德行如我们所期许，并对我们及整个社会有好处。

——《快乐的科学》

使自己成为一个完人，并在一个人做的所有事情中看到其最高的善——这比那些为了他人着想而作出的富有同情的感情冲动和行为来，更有前途。

——《人性的，太人性的》

在习俗变化中总是被感觉为"某一点是善的"、是有用的，所以现在人们尤其把亲善者、乐于助人者称为"善"。

——《人性的，太人性的》

坏是"不合乎道德"（不道德），做不合乎习俗之事，违背传统，不管这传统合理还是愚蠢；在各个时代的所有习俗法则中伤害邻人尤其被感觉到具有伤害性，以致现在一听到"坏"这个词，我们就首先想到对邻人的伤害。

——《人性的，太人性的》

所有"恶"行都是受个人的保存冲动，或者更精确一点说，受个人的快乐意图和避免不快的意图驱使的；但是尽管如此受到驱使，却不是恶的。

——《人性的，太人性的》

同情不以他人的快乐为目的，正如已经说过的那样，恶也同样不以他人的痛苦本身为目的。

——《人性的，太人性的》

恶不把他人的痛苦本身而是把我们自己的快乐作为目的，例如复仇感或者更加强烈的神经兴奋那一类快感。

——《人性的，太人性的》

我怀着满腔的愤怒，厌恶那些有罪的大富之人，他们从污秽之中牟取暴利，这些臭气冲天的恶民。

——《尼采文集》

最强的人，那种具有创造性的人，必定是很恶的人，他反对别人的一切理想，他在所有人身上贯彻自己的理想，并且按照自己的形象来改造他们。他的恶就是：强行、强硬、强制。

——《尼采文集》

新的东西总是在努力战胜邪恶的环境下诞生的，它试着去颠覆旧的界限和虔诚……

——《尼采文集》

善恶、苦乐、你我等，都是创造者眼前弥漫的彩色烟雾。创造者不愿再看见自己，于是他创造了世界。

——《尼采文集》

热爱生活者和创造者，一向在创造善恶，爱火与怒火在他们的道德里燃烧着。

——《尼采文集》

人间的每一个罪恶都是对敬意的贬损，对崇高的亵渎。

——《尼采文集》

万物在永恒之泉受过洗礼，超出善恶以外了。善恶不过是那逃遁的影子、淫雨中的痛苦与天空掠过的云。

——《尼采文集》

我不喜欢那把一切称为"善"，把这世界看成是"至善"的人们。我把他们称为"一切之满足者"。

——《尼采文集》

我们固守着那使我们得以结合的精神的纯洁，我们将尽最善而互守相对的贞诚。

——《尼采文集》

对事情最不诚实的态度，便是故意以谬误的争论来为自己辩护。

——《尼采文集》

从根本上说，道德敌视科学……科学看重的事同"善""恶"毫不相干，故而善恶之感也就丧失了重要性。

——《尼采文集》

所以，按照奴隶道德，"恶"人引起恐惧；按照主人道德，恰恰是"善"人引起恐惧和试图引起恐惧，而恶人则被视为卑鄙的人。若按照奴隶道德的逻辑推论，最终也在某种程度上鄙视这种道德的"善"人。

——《善恶的彼岸》

试想，一个充满仇恨的人构想出来的"敌人"将是什么样的——这正是他的行动，他的创造：他构想了"丑恶的敌人"，构想了"恶人"并且把它作为基本概念，然后又从此出发产生了余念，设想了一个对立面，即"好人"——也就是他自己。

——《道德的谱系》

3. 高贵与卑贱

高贵的标识——我无法想象要一个人去承担所有人的义务。不要存心放弃自己的责任，更别妄想将它推卸给别人。认识自己的特权，将之归纳于义务的范围里来行使。

——《善恶的彼岸》

所谓高贵的灵魂，即是对自己抱持敬畏之心的存有。

——《善恶的彼岸》

数千年来，直至上个世纪，人的所作所为中已显示出那绝顶的聪明。然而，聪明也许正因此而失掉自身的尊严。为了聪明虽然是必要的，但也是极为普通之事，以至于一种令人讨厌的风气把这必要性视为卑劣。正如真理和科学的专横可以提升谎言的价值一样，聪明的专横也可以促进一种新式的高贵意识。

这或许意味着：高贵即头脑的愚昧。

——《快乐的科学》

对于卑贱的人来说，一切高贵的、宽宏大量的情操都显得是不当的，因为最高等的与最上流的皆是不可信的。

——《快乐的科学》

大家都知道，卑贱的人只想保持他看得见的利益，而且这种观念比最强的刺激（并非企图不正当的行为）还强烈——那就是他的聪明和妙想。

——《快乐的科学》

卑贱的人轻视高贵的人，尤其是当那个高贵的人的价值观在他看来是空想而独断的，他总是会冒犯那些受"激情"支配的人，他明白那诱惑在这里是扮演着暴君的角色，但是他不了解，譬如说，一个没有爱的知感的人，怎么会拿他的健康和荣誉作赌注下在这盘赌局里。

——《快乐的科学》

有很多人总是竭力把自己的性格表现得十分高贵，但是在气质上却没有相对地提升，另外一些人则反之。

——《尼采文集》

高贵的灵魂拥有的是某种对自身的根本肯定，这是一种不能被追求、不能被发现、或许也丢不掉的一种东西。高贵的灵魂，乃自己尊敬自己。

——《善恶的彼岸》

如今在艺术家和学者当中会发现有许多这样的人，这些人通过其行为暴露出，对高贵的深切渴望驱使着他们；但是，这种对高贵的需要从根本上不同于高贵灵魂本身的需要，实际上反而是缺少高贵灵魂的明显而危险的标志。

——《善恶的彼岸》

遭受各种损害和损失时，粗糙的低等灵魂要比高贵的灵魂境况好。考虑到后者生存条件的复杂多样，它遇到的危险肯定更大，实际上极有可能遭受不幸而毁灭。就像蜥蜴断了爪子会再长出来；人则不能。

——《善恶的彼岸》

高贵型的人把自己视为价值的决定者，因此不需要得到认可；他断定："凡是对我有害的，其本身就是有害的。"他知道，完全是他自己赋予事物荣誉；他是价值的创造者。

——《善恶的彼岸》

卑贱究竟是什么？词语是观念的发声符号；而观念则是经常重复

和同时出现的感觉，或感觉群中或多或少明确的心理符号。

——《善恶的彼岸》

在地位同等的人当中，"施惠"这一概念没有意义，也没有好名声；也许有高妙的办法赠予礼物，像是从上面照到人身上的阳光，有高妙的办法把它们当作露珠如饥似渴地喝下。但高贵的灵魂却没有玩弄这些手法和作这些夸示的才能。在这方面，利己主义阻碍了他。一般说来，他固执地"往高处"看——他要么水平地和故意地往前看，或往下看。他知道自己处于一定的高度。

——《善恶的彼岸》

当一个高贵的人感受到怨恨的时候，这怨恨会爆发，且消耗在一瞬间的反应中，因此也就不会起毒化作用；此外，在许多场合下，高贵者丝毫不感到怨恨，而所有的软弱者和无能者都会毫无例外地感到怨恨。

——《道德的谱系》

4. 幸福与痛苦

我常常如此安慰自己："勇敢一点！振作一点！老迈的心啊！既然不幸降临在你身上，又何妨将它当作幸福来享受呢！"

——《查拉图斯特拉如是说》

我学会了用绳梯越窗、用敏捷的腿爬上高高的桅杆。坐在知识的桅杆对我而言，似乎并不只是一种微不足道的幸福——

——《查拉图斯特拉如是说》

世界的痛苦如此深刻——

而欢乐比那种痛苦更深刻。

痛苦说："去吧！去吧！"

欢乐则要求永恒——希望能幽深地永远存在！

——《查拉图斯特拉如是说》

只要我们周围的一切都在忍受和制造苦难，我们就不可能幸福。

——《瓦格纳在拜洛伊特》

关于心灵痛苦，我是这样观察每个人的：看他是用自身的经验还是用旁人的描述认识它；看他是否尽管佯装痛苦，但仍然认为有必要把痛苦当作精心塑造自己的一种标识，或者，看他是干脆否认自己心灵底蕴的剧痛，还是直言这剧痛，就像直言肉体的剧痛比如牙痛胃痛一样。

——《快乐的科学》

人们既教育周围的人要忍受痛苦，又乐于给别人添加痛苦，看见令人发指的痛苦被转嫁到他人身上，自己便只剩下一种感觉，即自我安全感。

——《快乐的科学》

人和时代对痛苦，即对心灵和肉体痛苦的认识不同，这是区分人与人、时代与时代的无可替代的标识。

——《快乐的科学》

时下的人们与过去的人相比，对痛苦的憎恶可谓刻骨铭心，对它的非难远胜于当时，觉得痛苦的存在——不妨说是理念中痛苦的存在——几乎无法忍受，从而谴责整个世界失去天良。

——《快乐的科学》

在这些时代，生活的闲雅和轻松使得心灵和肉体的小痛苦看似充满血腥味的凶神恶煞——其实那痛苦就像蚊子叮咬一般，况且在所难免——又利用人们缺乏真正的痛苦体验，使得普遍的痛苦理念像是无以复加的痛苦似的。

——《快乐的科学》

现在，已有一种药方可以医治悲观主义哲学和痛苦过敏性——我以为这过敏性就是"当代的痛苦"。可是，这药方听起来着实过于残酷，它或许可以列入那一类病症，即人们据此可以判断"存在即恶"的病症。那么，诊治"痛苦"的药方便是痛苦。

——《快乐的科学》

人们可以利用学问将两者的目标向前推进，也许我们尚不十分清楚学问有能力阻挡人们去享乐，应使他更冷静、更庄严和更能克制自己。但是，它也可能转变成最大的痛苦制造者！——不过，或许我们会同时发现它的反作用力：它有使另一个新的欢乐的星球世界发光的无限能力。

——《快乐的科学》

目前我们仍然有选择：不是在短暂无痛苦中的最少可能的痛苦（毕竟社会主义和所有的政治家们总不能堂堂地向人民保证稍多的痛苦），便是最大可能的痛苦，以为一个充满前所很少尝试的高尚欢乐与享受的成长代价。如果你选择前者，你要将承受痛苦的能力压制并减到最低点，也必须把承受欢乐的能力压制并减到最低点。

——《快乐的科学》

有些情况中同情比单纯的痛苦更痛苦。例如，当我们的朋友之一为可耻的事感到内疚时，我们会感到比我们自己为可耻的事感到内疚时更痛苦。

——《快乐的科学》

一般来说，痛苦的感觉是通过本身会引起痛苦的表情姿势来表达的，如扯头发、捶胸、脸部肌肉剧烈扭曲抽搐。反之，快乐的表情姿势本身就充满快乐……

——《尼采文集》

在更高意义上，痛苦就是异常的快乐。

——《尼采文集》

不管在何处、何时，只要我们被当作受苦者看待，我们所受的痛苦就变得肤浅了……

——《尼采文集》

我的最深的痛苦是，既不能忍受你们的裸体，又不能忍受你们的穿着。

——《尼采文集》

内心忧愁的人在幸福的时候会暴露出真面目，他们抓住幸福的方式，似乎是要出于忌妒而闷死和勒死它——哎，他们知道得太清楚了，幸福会逃离他们！

——《善恶的彼岸》

成比例对我们而言是陌生的，让我们承认：我们实际上渴望的是无限，是浩瀚无垠。像骑在气喘吁吁向前奔跑的马上的人那样，我们面对无限放松了手中的缰绳——只有当我们处于最危险的状态时，我们才感到幸福之极。

——《善恶的彼岸》

这个人看到很多东西，在他的眼中所有的东西都镶在一面光亮的网里，仿佛埋葬在网子的深处。他感觉无比的幸福，且是他自己无法承受的那种奢侈的幸福。

——《人性的，太人性的》

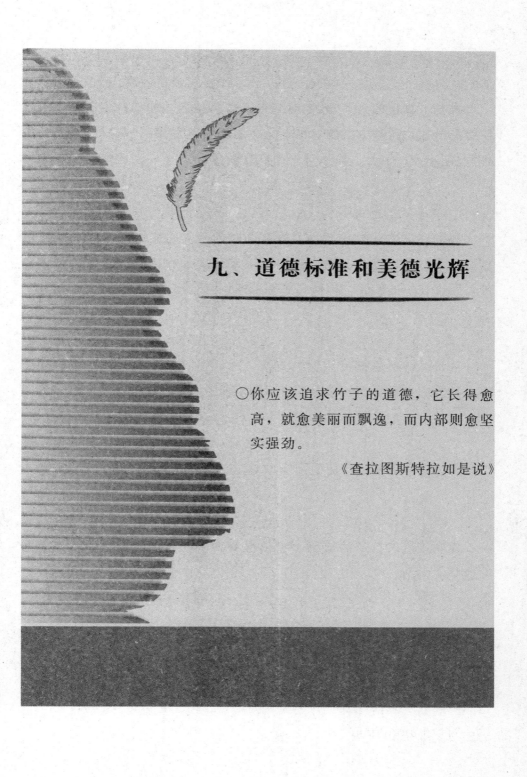

九、道德标准和美德光辉

○你应该追求竹子的道德，它长得愈
　高，就愈美丽而飘逸，而内部则愈坚
　实强劲。

《查拉图斯特拉如是说》

1. 道德

凡是"真正的人"，其灵魂必得扩大与他人之间的距离。如果有了阶级的分化，这种人类的上进本能必能尽情地发挥。于是，"高贵的人性""超道德的人性"得以重新回到我们身边。

——《善恶的彼岸》

我们在讲述一幅我们看到的新画时，会立即搬出自己过去所有的体验。当然在讲述体验时，人们的诚实程度是有区别的。除道德体验外，不存在别的体验，即使在感知范围也是这样。

——《快乐的科学》

对自己的不道德行为感到羞愧，这是在阶梯上的一级，在阶梯的终点处人们也对自己的道德行为感到羞愧。

——《善恶的彼岸》

人们最好为其德行而受惩罚。

——《善恶的彼岸》

你应该追求竹子的道德，它长得愈高，就愈美丽而飘逸，而内部则愈坚实强劲。

——《查拉图斯特拉如是说》

我们的道德也应迈开双脚，
且步履轻松，
须似荷马之诗，

纵横驰骋！

——《快乐的科学》

完全没有道德的现象，而只有对现象的一个道德的解释。

——《善恶的彼岸》

每项美德都可能毁于嫉妒。

——《查拉图斯特拉如是说》

啊！老年和学问也会给软弱的德行以力量。

——《善恶的彼岸》

纵使谁具备了所有的道德，他仍得注意一件事：也要让道德适时地获得休息。

——《查拉图斯特拉如是说》

那些善良与公正的人都说我是道德的破坏者。我这个故事是不道德的。

——《查拉图斯特拉如是说》

最高的道德是难得而无价的，同时还散发着柔和的光泽——施予的道德乃是最高的道德。

——《查拉图斯特拉如是说》

你们的灵魂对于珍宝的追求是贪而无厌的，因为你们的道德在施予的意念中永不知足。

——《查拉图斯特拉如是说》

迄今为止，精神以及道德已经迷失而颠踬了千百次。啊！我们的身上仍然还留存着这些幻想和错误——它们已变成我们的肉体与意志。

迄今为止，精神以及道德已经尝试而失败了千百次。不错，人类就是一种尝试。呵，许多的无知与谬误都已化成了我们的血肉！

——《查拉图斯特拉如是说》

这个新的道德是权力，也可说是一种统御的思想，与一个拥抱此一思想的敏锐之灵魂——一个金色的太阳，与一条盘绕太阳的知识之蛇。

——《查拉图斯特拉如是说》

当你们的心灵一如大河般地泛滥时，对住在低洼地方的人来说是既幸福而又危险的——你们的道德便肇端于此。

当你们将所有的毁誉褒贬置之度外，而你们的意志一如充满爱心者般地想驾驭一切时——你们的道德便肇端于此。

当你们鄙视柔软而舒适的床铺，而在休息又惟恐避之不远时——你们的道德便肇端于此。

当你们皆抱持一个共同的意志，而改变需要的一切又是你们的当务之急时——你们的道德便肇端于此。

——《查拉图斯特拉如是说》

还有一些人像运石块下山的车子似的，拙重而叽嘎乱响地走着，他们高谈着尊严与道德——他们也把车上的刹车器当作道德。

——《查拉图斯特拉如是说》

还有一些人则像是上紧发条的时钟，不停地在嘀嗒作响，而要别人称此为道德。

——《查拉图斯特拉如是说》

不过，有许多人认为道德乃是鞭挞之下的扭曲与翻腾，然而你们已听多了他们的嘶声喊叫！

——《查拉图斯特拉如是说》

还有一些人坐在湿热的沼地里，自芦苇中说道："道德就是静静地坐在沼地之谓。我们不咬任何人，也尽量躲开会咬人的人。对于一切，我们自有别人所提供的意见。"

——《查拉图斯特拉如是说》

但愿你们的道德只是你们的"自己"，而并非任何外物、表皮，或者大衣。这便是你们这些有德者之内心深处的真理！

——《查拉图斯特拉如是说》

你们对自身道德所做的一切努力与追求，就像一颗陨落的星，它的光跟着划过它所驰经的天空并继续前进——究竟将终止于何时呢？

如果，你们对道德的追求已经完成，但那道德之光却并未熄灭。即使这一切努力和追求被遗忘或结束了，其精神仍将永垂不朽。

——《查拉图斯特拉如是说》

你们之爱自己的道德一如为人母者爱其子女，但是你们有听过母亲向子女索取爱的回报吗？

这就是你们最珍爱的"自己"——你们的道德。在你们的心中有个九连环状物之期望——它为了要回到自己原来的样子而必须不时扭转自己，并和每个环争斗一番。

——《查拉图斯特拉如是说》

几乎所有的人都自以为具备了道德，每个人都认为自己至少也是个分辨善恶的专家。

——《查拉图斯特拉如是说》

还有一些人喜爱各样的姿态，并认为道德便是一种姿态。

他们虽然对道德频频低首礼赞，屈膝膜拜，但是心中却一无所知。

——《查拉图斯特拉如是说》

还有一些人虽不能看到人类高贵的一面，却对人类卑下的一面看得十分清楚，他们便以为这是道德——因此也称自己的"魔眼"为道德。

——《查拉图斯特拉如是说》

有些人想接受教诲并提升自己，便称此为道德。但另外有些人则想打击别人、抑制别人，而他们也自称为道德。

——《查拉图斯特拉如是说》

还有一些人以为，只要对人说"道德是必要的"，这就是道德。然而，事实上他们只相信警察是必要的。

——《查拉图斯特拉如是说》

真的，或许我取走了你们成千上百种的道德公式，以及你们的道德所最心爱的玩物，故而现在你们就像孩子般地对我生气。

——《查拉图斯特拉如是说》

"'平等意志'——此后将被称为道德，我们也要提高反对一切权力的呼声！"

平等的说教者啊！在你们的心中，一种无能的狂暴在呼求"平等"——你们那最隐秘的狂暴之欲望，原来是掩藏在道德名词的背后。

——《查拉图斯特拉如是说》

如果说真正的道德乃是不自知——那么，虚荣的人便是不知道自己的谦卑！

——《查拉图斯特拉如是说》

——这柔顺而善道的肉体，这舞者，他的象征与一切乃是自得其乐的心灵。而肉体与心灵的自得其乐自称为"道德"。

呵，谁能给予这份渴望一个适当而尊荣的名称呢！"施与的道德"——这是以前查拉图斯特拉为它所取的名称。

——《查拉图斯特拉如是说》

有些人从来都不会做有违道德的事情，我们是否就可以说他是一个道德上的楷模呢？不可以。因为他之所以那么做，或许只不过是在机械地服从社会的道德规范罢了。作为他本人来说，他可能从来就没有考虑过什么是道德，遵守道德或许只是为了维持一种在外人面前的体面罢了，亦或许是因为他自己的清高自傲使然。这些情况下的遵守道德都是苍白无力的，是不可能长久持续的，因为当事人随时都有放弃的可能。

也就是说，道德行为本身便是道德这样的结论是站不住脚的。总之，对于我们来说，仅仅依靠某种独立的、表面的行为并不足以发现问题的本质。

——《曙光》

一个人由于不道德的行为而产生的羞愧——这是梯形台阶上的一级，在其另一端上却是一个人由于道德的行为而产生的羞愧。

——《善恶的彼岸》

在医学领域，有一个受人喜爱的道德公式（始作俑者为阿里斯顿·冯·契奥斯）："道德即心灵的健康。"为了让这公式适用起见，不妨稍作改动："你的道德即是你心灵的健康。"因为健康本身并不存在，所以，一切界定某个东西是健康的图谋无不遭到可悲的失败。

——《快乐的科学》

我们不论在何处面临何种道德，总发现人们会对人的欲望和行为作出评估，并划分等级。这实际上代表着一个群体的需要，什么东西对他们有益，何者为先，何者居次，何者第三……这也是一切个体的最高价值标准，个体受道德的教导，要成为群体功能的一部分，个体的价值就存在于群体功能中。

由于保存群体的条件因群体而异，所以便有迥然不同的道德。时下，各种群体、国家和社会处于巨变之中，故而可以预言，将会出现种种走火入魔、旁门左道的道德。

——《快乐的科学》

道德，如它迄今被理解的，如它最近仍被叔本华规定为"生命意志的否定"的，是把自己做成一个绝对命令的颓废的本能本身，它说："毁灭！"——它是受谴责者的判断……

——《快乐的科学》

道德感的历史就是一种谬误的历史，即关于责任的谬误的历史，这种责任是以意志自由的谬误为基础的。

——《人性的，太人性的》

理智与道德。——人们必须有好的记忆，才能信守诺言。人们必须有很强的想象力，才能拥有同情。道德与理智的质地是如此密切相关。

——《人性的，太人性的》

道德提供了多少娱乐！只要想一下，在讲述高尚而慷慨的事迹时，兴奋的眼泪流成了海洋！——生活的这种魅力将会消失，如果全无责任心的信仰迅速蔓延的话。

——《人性的，太人性的》

现在人们已越来越看清楚，正是按照最为个人的考虑，普天下大众的利益才最大：因而正是严格意义上的个人行动符合现在的道德（作为一种普遍的有用）的概念。

——《人性的，太人性的》

讲道德、合乎道德、合乎伦理的意思是服从自古以来建立的法则或传统。

——《人性的，太人性的》

一旦道德规范形成，在长期遗传之后，一个人轻松而欣然地做着合乎道德的事情。

——《人性的，太人性的》

所有道德都认为故意伤害在自卫中是可行的，也就是说同自我保存有关！

——《人性的，太人性的》

能够承担责任，是一种特权，是少有的自由，是驾驭自己的权力。

——《尼采文集》

如果一个人以自己的衡量标准去衡量自己的价值或是用这种标准塑造一个伟大的形象，那就会是一个十分令人厌恶的东西。

——《尼采文集》

一人如若是单以自我的标准来衡量自身价值或者塑造自己，将是令人讨厌的。

——《尼采文集》

把自我设定为事物的意义和价值的标准：这一直是人十分幼稚的表现。

——《尼采文集》

我爱那不愿有多重道德的人。

——《尼采文集》

最自然的是我们对自然的态度，我们不仅是因为"纯洁""理性""美"等而热爱自然，我们使自然巧妙地变得"愚蠢""吓人"，便并不因此而蔑视它，反而与之融洽，对它倍感亲切。它不强求人尊奉道德，所以我们敬重它。

——《尼采文集》

道德家需要道德的仪式，也需要真理的姿态。只有道德家对道德让步时，在他们失去了对道德的控制时，在他们变为真实时，他们才开始犯错误。

——《尼采文集》

人们只能通过与获取统治地位一样的手段来达到道德的统治，便无论如何也不会用道德的方法……

——《尼采文集》

要使道德获胜，就要对非道德兴师问罪——凭什么权利呢？我看没有什么权利，而是自我保护的本能。

——《尼采文集》

最好是思考道德的人尽可能地少，因而最好是道德老是不会令人感兴趣！

——《善恶的彼岸》

对自己充满信心、对自己充满自豪感、对自私怀有根本的敌意和嘲讽态度，自然而然地看不起同情心和"温情"一样，肯定属于高贵的道德。

——《善恶的彼岸》

2. 美德

我的弟子们的类型——我希望那些和我曾有任何关联的人，能有苦恼、寂寥、疾病、怀才不遇、受人屈辱的心境——我希望他们能深深地轻视自己，对自己施与不信任的呵责，且有着被征服者只问耕耘、不问收获的肚量。我决不会去同情这些人，因为当今能够认定一个人存在的价值，也就是我希望他们能够拥有的美德，即是——忍耐。

——《权力意志》

从人生的战场中磨炼出来——倘若我未因此丧命，我将更为坚强。

——《偶像的黄昏》

哲学同美德毫无牵连。

——《尼采文集》

迄今为止，用来使人类变得道德的一切伎俩，实质上都是不道德的。

——《尼采文集》

只要两个人在一起，不管他们的出身背景是什么，一定是一个带头，另一个跟从——前者在德行方面一定优于后者。

——《尼采文集》

与其说是美德带来幸福，不如说唯有强者才能把自己的幸福状态宣称为美德。

——《尼采文集》

有一些富有理智的人，让他们扭动自己的身子，用手捂住自己奸诈的眼睛，似乎他们的手不是告密者。最终总是会暴露出，他们有某种东西要隐藏——理智。至少尽可能长久地进行欺骗，并成功地表现得比实际上蠢的最巧妙方法之一，此种方法在日常生活中被称作热情，其中包括属于热情的东西，比如美德。因为正如不得已而了解这一点的加利亚尼所说，美德即热情。

——《善恶的彼岸》

根据自己的意愿，对具有或不具有感情，表示赞成和反对；一连几小时把自己降格至它们的水平；像坐在马背上，或像坐在驴背上那样坐在它们身上——因为人们必须知道如何利用它们的愚蠢和它们的热情。保留自己的三百个显著位置；并保留自己的墨镜：因为在一些情况下，没有人一定盯住我们的眼睛，更不会盯住我们的"动机"。而且选择那个调皮而欢快的恶德，即温文尔雅为伴。并且保持四项美德：勇气、洞察力、同情心和孤独。因为，孤独作为一种把我们引向纯洁的崇高趋势和倾向，是我们身上的一种美德。

——《善恶的彼岸》

诚实，姑且承认它是我们，我们这些自由精神无法摆脱的美德。好吧，我们便以我们的倔强和爱培育它，不知疲倦地"完善"我们的这种美德，因为只有这种美德能与世长存。

——《善恶的彼岸》

你们的精神轻信人言，而鄙视大地的一切。但你们的内脏并不如此，它们是你们身体中最坚强的部分！

现在你们必须得鼓起你们的勇气，去相信你们自己的内脏！凡是不相信自己的人，必是那虚伪的人。

——《查拉图斯特拉如是说》

勇气——由于攻击性的勇气乃是最佳的杀手，因此，在每次攻击中，都必须有胜利的乐声。

——《查拉图斯特拉如是说》

就因为人是最勇敢的动物，所以他能征服其他所有动物。他在胜利的乐声中，克制了一切痛苦。然而，人类本身的痛苦才是最大的痛苦。

勇气同时也为我克服面临深渊的晕眩。人何往而能无深渊呢？他只要随便放眼一望，触目所及皆是深渊！

——《查拉图斯特拉如是说》

谁明知恐惧而制服恐惧，谁看见深渊而蔑视深渊，谁就有决心；谁如鹰隼注视深渊，用利爪抓牢悬崖，谁就有勇气。

——《尼采文集》

看见绝望的人，人人都勇敢；鼓励绝望的人，人人都有力！

——《尼采文集》

在敌人面前所表现的勇敢只能说是勇敢本身，实际上，那个人可能仍是个懦夫，或者是个优柔寡断的傻瓜。

——《尼采文集》

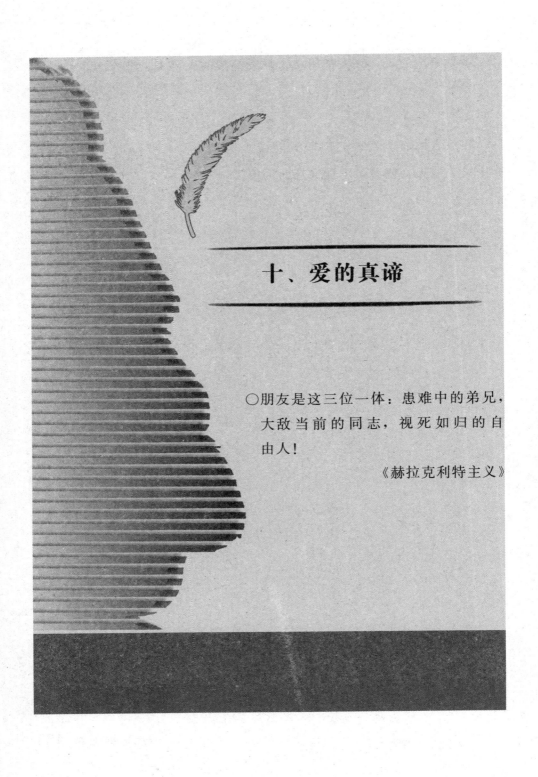

十、爱的真谛

○朋友是这三位一体：患难中的弟兄，大敌当前的同志，视死如归的自由人！

《赫拉克利特主义》

1. 大爱

人类唯有生在爱中，在爱的幻影掩盖下，才得以创造出新的事物。

——《不合时宜的思考》

真的，兄弟们，那时我将用另一双眼来寻找我所失去者，并且用另一种爱来爱你们。

——《查拉图斯特拉如是说》

务必牢记这句话：所有的大爱都凌驾于其怜悯之上，因为它想创造所爱的一切！

"我将自己献与我的爱，而我的邻人和我又有什么两样！"创造者都这么说。

——《查拉图斯特拉如是说》

一切的大爱都这么说——它甚至超越了宽恕和怜悯。

——《查拉图斯特拉如是说》

充满爱心者若是不能超越他的怜悯之情，则将是一件十分可悲的事！

——《查拉图斯特拉如是说》

最危险的健忘——开始时，他们忘记去爱别人；最后，他在自己身上再也找不到值得去爱的地方了。

——《曙光》

2. 友情

当然，在世界上到处存在一种爱的延续。在延续中，两个人的渴求指向另一种新的渴求，指向共同的更高的目标，即位于他们上空的理想。可是，谁熟悉这种爱情呢？谁经历过这种爱情呢？它的正确名字叫友情。

——《快乐的科学》

在古代，友情被视为最高的情操，高于知足者和智者的自尊心，比自尊心更神圣。这，可以从马其顿国王的一则故事中得到充分说明。

这国王捐钱给雅典一位玩世不恭的哲学家，结果钱被退了回来。"怎么？"国王问，"他难道没有朋友吗？"

这话的意思是："我敬重智者和独立处世者的自尊心，但是，如果在他心目中朋友的分量胜过自尊心的话，我会更敬重他的人格。哲学家要是不懂得两种感情孰重孰轻，那么，他在我面前就自我降格了。"

——《快乐的科学》

朋友是这三位一体：患难中的弟兄，大敌当前的同志，视死如归的自由人！

——《赫拉克利特主义》

我们曾是朋友，但时下形同陌路。事实确也如此，用不着隐瞒和佯装，好像羞于言及似的。

我们是两艘船，有各自的目的地和航线。我们可能在航行中交会，同庆节日，而且已经这样做了。此后，两艘勇敢的船只静泊于同一个海港和同一个太阳下，看似二者皆达目的。

然而，我们各自的使命有着强大无比的力量，它旋即驱散我们至不同的海域和航线，或许，我们再也无缘相会了；或许，纵然相会也彼此不复相认，因为不同的海域和阳光已把我们改变了！

我们彼此必然成为陌生人，这是控驭我们的铁则！惟其如此，我们彼此应该更加尊重才是！对往昔友谊的忆念应该更加神圣才是！肯定会存在茫无际涯的曲线和星儿运行的轨道，我们各自的航线和目标仅为其中一个短距离罢了。让我们把自己升华至这一理念吧！

人生苦短，我们的视力无奈过于微弱，以至于不可能超越崇高的朋友关系。如此，让我们还是信奉似天上星儿一般的友谊吧，即使我们彼此不得不成为地球上的敌人。

——《快乐的科学》

而若是有个朋友对不起你，你则不妨说："我原谅你对我所做的一切，然而，如果你对自己也犯同样错误的话——我怎能原谅你呢?!"

——《查拉图斯特拉如是说》

当然，在地球上到处都有一种爱的趋向，在这种趋向中，两个人相互间的贪求便导致屈服于一个新的欲望和贪念；而在一般人中，高等一点的人便向往有一个优势的立脚点以跨在别人之上。总之，谁知道这个爱？谁体验过？它的正确名字就是友情。

——《快乐的科学》

在我们日常生活中，大家彼此之间曾是如此地亲密，似乎再也没有什么能阻挠我们的友情和同胞爱，除了仅有一块小小的木板横隔在我们之间，当你正准备踏上这块木板的时候，我问道："你要越过这块木板来到我这里吗?"那么你就不想过来了，虽经我再三请求，而你还是默然不动。这样一来，高山大河以及能令人阻隔与疏离的一切障碍便都介入到我们中间，纵使我们想要再互相来往也没有办法了。

——《快乐的科学》

我与自己经常在作热烈的交谈——如果没有朋友的话，我怎么能忍受呢？

隐士的朋友只能算是一个第三者——而第三者是防止两人的交谈陷入深处的浮木。

噢，隐士们的内心有太多深邃的地方，因此，他们十分渴望能有一个朋友来不时引导他们浮升。

——《查拉图斯特拉如是说》

朋友应当是善于忖测与保持沉默的解人。你不必想看清一切。你的梦应当向你揭露你的朋友在醒着时所做的事。

——《查拉图斯特拉如是说》

如果一个人想要有个朋友，那么他还得不惜为此朋友而投入战斗之中，而为了战斗，他就必须具有作为一个敌人的能耐。

——《查拉图斯特拉如是说》

你是否是你朋友的新鲜空气与孤独、面包与药物呢？许多人无法自脱于枷锁之中，却能帮助朋友获得解放。

——《查拉图斯特拉如是说》

将对于朋友的同情深藏在咬不破的硬壳中吧，如此它才有体贴和甜美的情意。

——《查拉图斯特拉如是说》

让你的同情只是一种忖测——好知道你的朋友是否需要你的同情。或许他喜欢你那漠视的眼神和无动于衷的表情呢。

——《查拉图斯特拉如是说》

我们应当敬重朋友的敌人，你能对你的朋友做到亲近而不狎昵吗？

我们的朋友便是我们最好的敌人，当你反抗他时，应当以整个心去接近他。

——《查拉图斯特拉如是说》

你可曾见过你的朋友睡觉？——为要知道他的相貌如何。他平常的相貌是怎样的呢？那便是照在粗劣而有瑕疵之镜中的你自己的容颜。

——《查拉图斯特拉如是说》

你可曾见过你的朋友睡觉吗？你为他的样子而感到失望吗？噢，我的朋友，人是应当被超越的。

——《查拉图斯特拉如是说》

我教你们如何交友以及交他那颗洋溢的心。倘若你们想被朋友那颗洋溢的心所爱，就当知道如何使自己成为一块海绵。

——《查拉图斯特拉如是说》

我不教你们如何爱邻，而教你们如何交友。让朋友成为你们的大地之庆典和超人的预感吧。

——《查拉图斯特拉如是说》

我教你们如何去结交那内心仍保存着完整的世界而外表也良善美好的朋友——这种富于创造性的朋友总是随时准备献上其完整的

世界。

——《查拉图斯特拉如是说》

3. 爱情

爱情使一个爱者的许多高贵的和隐蔽的特性暴露出来——他的少有的东西，例外的东西：在这一点上，爱情容易低估在他那里的普通的性格。

——《善恶的彼岸》

出于爱情而被做的东西，其发生总是超出善和恶。

——《善恶的彼岸》

她爱他，从此对他深信不疑，像一头母牛默然呆视，满腹心事。痛苦啊！

她完全变了，变得不可理喻，这恰恰使他心醉神迷！他的个性却很稳定！她难道不会对自己的个性进行伪装吗？佯装冷酷无情吗？爱情难道不是这样忠告她吗？喜剧万岁！

——《快乐的科学》

感性常常使爱情的生长仓促进行，以至于根总是虚弱的，很容易被拔出。

——《善恶的彼岸》

男人创造了女人——从何而创呢？

从他的神——他"理想"中的肋骨。

——《偶像的黄昏》

能够承诺的东西——行动可以承诺，感情则无法加以承诺。

毕竟感情这种东西太复杂了。一个人如果向谁承诺要永远爱他、永远恨他，或永远对他忠实，这明明是在虚应别人一项自己无法做到的事情。

我曾听到的最贞节的话："真正的爱情在于心灵，在覆盖到肉体。"

——《善恶的彼岸》

4. 婚姻

婚姻生活犹如长期的对话——当你要迈进婚姻生活时，一定要先这样地反问自己——"你是否能和这位女人在白头偕老时，仍能谈笑风生？"婚姻生活的其余一切，都是短暂的，在一起的大部分时光，都是在对话中度过。

——《人性的，太人性的》

恋爱时，要当自己是近视眼——要治愈一位陶醉在爱河中的男性，往往只要给他一副深度眼镜就够了。如果一个人能够预见二十年后的情景，他们的婚姻一般来说，是可以维持幸福的。

——《人性的，太人性的》

我们所谓的结婚，乃是以两个人的意志去创造一个凌驾他们之上的人；我所谓的结婚，是能互相尊重，亦即具此意志者的互相尊重。

——《查拉图斯特拉如是说》

附录：尼采生平年表

1844 年

10 月 15 日　尼采出生在普鲁士萨克森州的洛肯，父亲卡尔·路德维希·尼采是一位牧师。家中除父母外，还有祖母和两个姑姑。

1849 年

7 月 30 日　父亲因患脑软化症去世。

1850 年

全家迁居萨勒河畔的小城瑙姆堡。尼采进入当地小学读书。

1851 年

转入私立学校，结交朋友平德尔和克鲁格。

1855 年

就读波恩预科学校，对诗歌、音乐感兴趣。

1858 年

10 月　进入普夫塔学校学习，在语言学方面受到传统的和严格的训练，并和保尔·杜森结交。

1860 年

6 月　作为文学艺术的爱好者，尼采和朋友平德尔和克鲁格一起成立了"日耳曼尼亚"的社团，并接触了瓦格纳的音乐作品。

1861 年

2 月　尼采患病，被迫回家休养。撰写了他的第一篇论文。

1862 年

1 月　写了一篇题为《作为总统的拿破仑三世》的短文。

4月 发表第一篇哲学短论《命运和历史》，并写有关荷尔德林的短论。

1864年

8月 从普夫塔学校毕业。

10月 进入波恩大学学习古典语言学和神学。

1865年

10月 随里奇尔教授转入莱比锡大学，学习语言学。在一家旧书店发现1818年版的叔本华著作《作为意志和表象的世界》，从此叔本华对他的影响持续了一生。

11月 筹建和组织学生语言学俱乐部。

1866年

7月 普奥战争爆发，在给母亲的信中表达了希望德国统一而又惋惜奥地利失利的矛盾心情。

10月 由于莱比锡流行霍乱，大学推迟开学。尼采开始与罗德交往。

1867年

5月 写作《历史的警句与历史认识》。

10月 在瑙姆堡地方炮兵部队服役为期一年的志愿兵。

1868年

3月 在军事训练中骑马受伤，胸部肌肉拉伤，两度昏迷，动手术后退伍。

4月 开始撰写哲学论文《康德以来的目的论》。

11月 结识正在隐居中的瓦格纳，讨论哲学和音乐。

1869年

2月 由里奇尔教授推荐，到瑞士巴塞尔大学任副教授。

4 月　获瑞士公民权。

5 月　在托里普森会见瓦格纳夫妇。在巴塞尔大学发表就职演说，题为《荷马和古典语言学》。

1870 年

2 月　在巴塞尔大学公开演讲，题目是《希腊音乐戏剧》和《苏格拉底与悲剧》。

4 月　转为教授。

7 月　普法战争爆发，8 月参加医疗救护训练。

9 月　参加医疗救护队，护送伤员，感染痢疾和白喉，病愈后返回巴塞尔。

10 月　结识神学家弗兰茨·奥弗贝克。

1871 年

1 月　法军投降，普法签订停火协定，尼采没有对此表示高兴，反而对德国文化表示担忧。

2 月　集中精力撰写《悲剧的诞生》。

12 月　去慕尼黑欣赏由瓦格纳指挥的音乐会。

1872 年

1 月　收到刚出版的《悲剧的诞生》一书。

2 月－3 月　在巴塞尔大学以《德国教育机构的未来》为题作了五次演讲，演讲稿后来作为遗著出版。

6 月　维拉莫维茨发表小册子攻击尼采的《悲剧的诞生》，后罗德发表文章进行反击。

10 月　回到学校，发现除了两名非本专业的学生，其他学生都不再选修他的课。

1873 年

4 月　完成《希腊悲剧时代的哲学》并带给瓦格纳夫妇。

5月　完成《忏悔者和作家大卫·斯特劳斯》，后来被收入他的《不合时宜的思考》中的首篇。

7月　口述语言学方面的论文《论真理与谬误》。

11月　撰写论文《历史对于人生的利弊》。

12月　回瑙姆堡度圣诞节，因病卧床。

1874年

1月　到莱比锡，与里奇尔教授会面。《悲剧的诞生》再版。

2月　《历史对于人生的利弊》发表。写《理查德·瓦格纳在拜洛特》，表明他对瓦格纳的批评态度。

3月　写《教育家叔本华》。

6月　与瓦格纳发生冲突。

1876年

2月　因病停止在大学教学。

7月　到拜洛特会见瓦格纳，不欢而散，到巴伐利亚森林中休息。

8月　回到拜洛特，对瓦格纳周围的俗气环境感到格格不入。

10月　获准休假一年，到意大利旅行，后在索伦托与瓦格纳不期相遇，这是他们最后一次会面。

1877年

9月　回到巴塞尔，整理《人性的，太人性的》一书。

1878年

1月　瓦格纳赠送剧作《帕西法尔》给尼采。

3月　因大夫初步诊断他脑子有病，进行水疗并辞去附属中学的教学工作。

5月　《人性的，太人性的》一书出版，他把这本书送给瓦格纳。

8月　收到瓦格纳作品《公众与普及》，作品不指名反击尼采的《人性的，太人性的》一书。

12 月　完成《人性的，太人性的》的第二卷。

1879 年

9 月　完成《人性的，太人性的》的第三部分《漂泊者和他的影子》。

11 月　连续发病，饱受头痛的折磨，12 月陷入昏迷状态，感到死期不远了。

1880 年

3 月　与好友卡斯特到意大利的威尼斯，身体和精神均有好转。

3 月－6 月　在旅途中写《曙光》一书。

1881 年

3 月　完成《曙光》一书，交付出版。

8 月　在西尔斯—玛利亚森林，第一次产生查拉图斯特拉的状态，并孕育了永恒轮回的思想。

12 月　着手写《快乐的科学》一书。

1882 年

1 月－2 月　完成《快乐的科学》。

1883 年

2 月－6 月　完成《查拉图斯特如是说》。

1884 年

1 月－12 月　完成《查拉图斯特如是说》第三部，并开始写第四部。

1885 年

1 月　自费印刷了《查拉图斯特拉如是说》四十册。

6 月　离开威尼斯到西尔斯—玛利亚，在那里改写《人性的，太人性的》，并开始写《善恶的彼岸》。

9 月　回瑙姆堡看望母亲，并与即将赴巴拉圭的妹妹话别，后到莱比锡。

11 月　到尼斯，继续写《善恶的彼岸》。

1886 年

4 月　离开尼斯到威尼斯，与卡斯特住在一起。

8 月　为再版的《人性的，太人性的》以及《善恶的彼岸》写序。

1887 年

7 月　在西尔斯—玛利亚写《道德的谱系》。

11 月　《道德的谱系》出版。

1888 年

2 月　计划写《一切价值的重估》。

4 月　接到丹麦批评家勃兰兑斯的信，说将在哥本哈根大学介绍尼采的思想。

5 月　撰写《瓦格纳事件》。

6 月　计划写《偶像的黄昏》。

12 月　完成《尼采反对瓦格纳》。

1889 年

1 月　出现神经错乱，在奥弗贝克的护送下从都灵到巴塞尔，母亲也赶到巴塞尔。尼采被送进耶拿大学的精神病院。

10 月　病情稳定，有所好转。

1890 年

3 月　离开精神病院，住进母亲在耶拿的住所。

5 月　母亲护送尼采回瑙姆堡。

12 月　丈夫自杀后的妹妹自巴拉圭回到瑙姆堡。

1897 年

4 月　尼采母亲去世，尼采被妹妹接到魏玛。

1899 年

5 月　继去年中风后，病情继续恶化，说话吃力。

1900 年

8 月　25 日尼采在中午时分逝世，28 日葬于故乡洛肯。